ENRICO MOSCHINI

VENDERE
SENZA ERRORI

Tutto Quello che NON Devi Fare

per Concludere con Successo le Tue Vendite

Titolo

VENDERE SENZA ERRORI

Autore

Enrico Moschini

Editore

Bruno Editore

Sito internet

www.brunoeditore.it

Sommario

Introduzione

Ciao, grazie per aver acquistato questo ebook.

Mi chiamo Enrico, sono giunto alla meta dei fatidici "anta" e credo di essere diventato, durante questi anni, un buon venditore. Di cosa mi occupo? Tratto semilavorati e accessori per la gelateria artigianale e la pasticceria. Ho iniziato questa attività a ventinove anni partendo da zero, dopo aver lasciato il lavoro come impiegato. Anzi, da sottozero. Sì, perché mi sono buttato nella mischia non avendo nessun tipo di certezze: il fatturato dell'azienda con cui sono partito, nella mia zona, era pari a zero; le mie conoscenze del settore erano nulle.

Nonostante questo, giorno dopo giorno, errore dopo errore, mi sono costruito il mio "nocciolo duro", la mia rete di clienti fedeli e rispettosi della mia persona e del mio lavoro. Ho progressivamente rubato spazio a concorrenti più preparati di me sul piano tecnico e che possedevano prodotti con marchi "più alla moda". A cosa serve dunque questo ebook? La funzione principale è quella di analizzare, attingendo alla mia esperienza lavorativa, quelli che ritengo siano i principali errori strategici che può commettere un commerciale durante il suo lavoro e che minano alle basi la sua possibilità di emergere dalla massa dei semplici "raccoglitori d'ordine". Successivamente, indico qual è "l'Antidoto immediato", ossia le azioni più efficaci da sviluppare per abbandonare le cattive abitudini.

Se stai iniziando ora questa entusiasmante professione, ti voglio dire questo: non ti devi preoccupare, tutti possono diventare bravi venditori. Ci vogliono, però, molta applicazione, costanza e grande umiltà nell'imparare. Oltre a questo, bisogna far proprie determinate tecniche comportamentali, che vedremo nel corso del testo. Se sei già un venditore da parecchi anni, credo che tu possa trovare delle idee interessanti per migliorare alcuni aspetti del tuo metodo o della tua persona che magari stai trascurando. Imparare cose nuove è un ottimo metodo per rinvigorire il proprio entusiasmo per la professione che, con il tempo, potrebbe appannarsi.

Grazie per la tua fiducia, ti auguro buona lettura.

CAPITOLO 1:
Come migliorare se stessi

Durante l'adolescenza possedevo una passione sfrenata per il tennis: guardavo moltissime partite in Tv e trascorrevo gran parte del mio tempo libero sui campi da gioco, dilapidando in lezioni private tutta la paga del mio lavoro estivo in un supermercato. Avevo raggiunto un buon livello tecnico e mi divertivo, osservando le partire in diretta, a commentare con gli amici i vari colpi dei giocatori professionisti. Una cosa però non mi era chiara: perché vincevano sempre gli stessi? Osservando i movimenti e i gesti atletici, sinceramente non notavo grandi differenze qualitative tra il giocatore che si trovava al primo posto nella classifica mondiale e coloro che occupavano solo la cinquantesima o centesima posizione; come mai questi ultimi non la spuntavano mai? Perché non riuscivano a scalare posizioni nel *ranking* mondiale?

La risposta mi fu chiara quando iniziai anch'io a partecipare ad alcuni tornei a livello amatoriale: la differenza tra un campione e un buon giocatore risiede tutta nell'atteggiamento mentale con cui si affrontano le sfide e nella fiducia nei propri mezzi; in altre parole, il campione è divenuto tale perché ha creduto fermamente di poter emergere dalla massa dei giocatori discreti.

Questo concetto mi fu di grande aiuto agli inizi della carriera e mi aiutò a tener duro nei momenti di difficoltà. Ecco perché ho ritenuto opportuno iniziare questo ebook analizzando gli atteggiamenti mentali errati più frequenti: correggendoli, si possiederanno delle solide basi di partenza per poter puntare a diventare dei "Top Closer". Credo, infatti, che sia del tutto inutile affinare le tecniche o il linguaggio tramite libri o corsi se prima non si è effettuato questo lavoro profondo su se stessi.

Strategia di auto-sabotaggio: il Narcisismo

Capita spesso nella vita di tutti i giorni di imbattersi in persone che hanno sempre la risposta pronta a tutti i problemi del mondo, una soluzione preconfezionata per ogni quesito che gli venga posto. In genere sono assolutamente convinti che la loro risposta sia quella giusta. Nessun dubbio, solo certezze scolpite nella pietra. Credo che ognuno di noi abbia degli amici con queste caratteristiche; io di solito li chiamo "tuttologi". A volte, a un primo approccio, tendiamo a invidiarli poiché sono molto sicuri di sé e non accettano compromessi di sorta. Sono, in ultima analisi, gli "uomini che non devono chiedere mai". La loro autostima è ai massimi livelli.

Tutto questo è incontestabilmente vero. Ma cosa c'entra con il nostro lavoro? C'entra eccome: l'eccessivo apprezzamento delle proprie qualità, da sana autostima rischia di sfociare nel narcisismo. Ti ricordo che Narciso finì annegato nelle acque nelle quali continuava a specchiarsi!

Il venditore, proprio a causa delle caratteristiche della sua attività, corre il rischio di acquisire questo tratto negativo. Svolge un'attività di fatto "solitaria", trascorre la maggior parte della giornata da solo, senza colleghi al suo fianco con cui confrontarsi, e che potrebbero correggere eventuali difetti; deve inoltre auto-motivarsi, ricercare la forza mentale dentro di sé.

La responsabilità dei suoi successi e insuccessi dipende quindi in gran parte dal suo modo di operare. Può accadere, dunque, che un commerciale che raggiunge grandi risultati possa trasformarsi a sua insaputa nel "Narciso delle Vendite". Se riceve poi forti premi economici, incentivi e grandi complimenti per il suo operato, la situazione può peggiorare ulteriormente.

Con il tempo, l'eccessiva sicurezza potrebbe trasformarsi in un boomerang: il nostro Superman potrebbe iniziare a commettere degli errori tattici gravissimi.

Antidoto immediato al Narcisismo

Coltiva sempre con cura una grande dote: *l'umiltà.* Questa impostazione mentale ti impedirà di commettere gli errori che ora analizzeremo insieme.

Nel tuo subconscio potrebbe cementarsi questo pensiero controproducente: «Io sono insostituibile, senza di me l'azienda è finita». Se ti accorgi di agire secondo questa logica, ti voglio dire una cosa: non ho mai visto un'azienda avere crisi nervose nel momento in cui un professionista decide di abbandonarla perché ha ottenuto condizioni più favorevoli altrove. Per quanto tu possa essere bravo, infatti, spostare interi fatturati da una parte all'altra non è un'operazione così semplice e immediata (vi sono troppe variabili in gioco: le qualità intrinseche della merce o del servizio, l'affidabilità dell'azienda, l'abitudine del cliente a un certo tipo di prodotto ecc.). Inoltre, potresti deludere le aspettative dei tuoi acquirenti che, di fatto, ti hanno ormai identificato con il marchio che rappresenti.

Se sei troppo pieno di te, rischi di convincerti che se non vendi la colpa è di fattori esterni. Ho notato che questo elemento emerge a volte nelle riunioni aziendali che si svolgono periodicamente nelle varie zone.

Alcuni agenti, che vedono il loro fatturato calare periodo dopo periodo, invece di porsi delle domande su se stessi tentano di difendersi attaccando e contestando in maniera serrata l'azienda, i prodotti, la concorrenza sleale, i corrieri, i clienti ingrati, la crisi economica. In definitiva, commettono l'errore di non fare mai una sana autocritica; figuriamoci poi se accetterebbero osservazioni da parte dei colleghi o dei superiori.

Un altro pensiero distruttivo e nocivo è il seguente: «Sono

perfetto così, non ho bisogno di formarmi e aggiornarmi. Non ho tempo da buttare leggendo o facendo corsi, ho cose più importanti a cui pensare». Capita anche a te? Sei proprio sicuro di non avere punti deboli?

Un pericolo in agguato inoltre può essere il seguente: rischiare di oltrepassare le proprie competenze di agente. Il Narciso delle Vendite potrebbe per esempio commettere questo tipo di errori:

- concedere o promettere al cliente condizioni e trattamenti particolari non previsti dalla politica commerciale ufficiale dell'azienda, senza consultarsi con quest'ultima. Se, come capita, lo sconto *ad hoc* non viene concesso, il cliente è perso per sempre;
- "saltare" figure intermedie (come quella per esempio del capo area) quando deve avere delle risposte da parte dell'azienda, rivolgendosi direttamente a personale gerarchicamente superiore. Si sente insomma così forte e importante da arrogarsi il diritto di avere un rapporto privilegiato e speciale con la dirigenza. Non rispettare gli organigrammi può causare acrimonia, malumori, tensioni fra colleghi. Tutti fattori che minano la qualità del lavoro.

Un altro errore è questo: il Narciso delle Vendite crede che le proprie idee siano delle verità assolute, inconfutabili, scolpite nella roccia. In genere, quindi, ha delle difficoltà di relazione con i colleghi e con il personale impiegatizio dell'azienda, tende a non "fare squadra". Non conosce il concetto di "confronto costruttivo". Crede che le riunioni periodiche siano un'inutile perdita di tempo. Tutto ciò che conta è la sua esperienza personale, elevata a modello unico di comportamento.

SEGRETO n. 1: un'impostazione mentale basata sull'umiltà consente di mantenersi focalizzati sull'ascolto e la collaborazione, permettendo una crescita professionale e un miglioramento costanti.

Strategia di auto-sabotaggio: il Conformismo

Nel mio settore, i prodotti offerti dai vari produttori presenti sul mercato hanno caratteristiche simili. Dirò di più, le aziende si copiano a vicenda a più non posso. I margini operativi sono di fatto gli stessi per tutti, per cui i prezzi sono molto allineati. Che fare per emergere? Perché un cliente, dopo aver ricevuto magari sei o sette agenti, dovrebbe comprare proprio da te? Cos'hai di speciale?

A questo proposito, il direttore vendite di un'azienda per cui lavoro (non certo un novellino) afferma sempre che in una trattativa il venditore incide almeno per il 65% e il prodotto per il 35%. Hai capito bene? Sessantacinque per cento. La differenza tra una vendita conclusa e una persa la fai, molto spesso, tu. Risulta quindi pericoloso rimanere nel comodo e rilassante status di "Venditore Fotocopia", ossia essere incapaci di far risaltare le proprie caratteristiche uniche per le quali venire ricordati e apprezzati. Evitare di sforzarsi, di "cantare fuori dal coro", seguendo schemi prevedibili e logori, può rivelarsi molto improduttivo.

Antidoto immediato al Conformismo

Le parole d'ordine, in questo caso, credo che siano creatività, originalità e un po' di brio. Studia, per esempio, i rappresentanti della concorrenza quando hai occasione di incrociarli da un cliente, parla con loro invitandoli a prendere un caffè, oppure incoraggia i clienti stessi a parlartene. Devi conoscere bene come si muovono i tuoi competitor, per poi fare qualcosa di diverso che venga ricordato.

Renditi sempre disponibile a fornire un servizio extra al cliente, in orari o giornate generalmente non lavorativi. Più di una volta ho fatto consegne di domenica (quindi ho svolto un lavoro che di norma a me non spetta), macinando chilometri su chilometri, in quanto i clienti avevano scordato di ordinarmi un certo prodotto, oppure si erano verificati disguidi con i corrieri e l'inconveniente bloccava la produzione giornaliera.

In un'altra occasione, anni fa, ho deciso di concedere in omaggio a dei clienti mirati l'abbonamento annuale a una rivista specializzata del nostro settore.

Se per esempio capisci che il cliente sta cercando, senza esiti, dei particolari accessori o prodotti per il suo lavoro che esulano dal tuo campo, compi dei piccoli sforzi di ricerca e prova a procurargli l'occorrente. Ovviamente senza chiedere nulla in cambio. Se sei a conoscenza che è alla ricerca di un nuovo locale, investi parte del tuo tempo come mediatore: mettiti in contatto con degli agenti immobiliari tuoi amici.

Altro esempio di unicità? Tempo fa nel mio settore un'azienda giovane ma molto dinamica ha avuto la brillante idea di iniziare a inviare dei biglietti di auguri nel giorno del compleanno del titolare dell'attività commerciale. Una bella lettera, devo dire, molto cordiale, che "toccava il cuore". Bada bene, non ha inviato le lettere solo ai clienti ormai fidelizzati, ma anche a coloro che non avevano mai acquistato nulla.

Le reazioni dei clienti furono entusiastiche, si vedeva dai loro occhi che l'operazione aveva colto nel segno: si sentivano importanti, coccolati. «Questa sì che è un'azienda seria, dillo ai tuoi capi!», questo era più o meno quello che tutti mi dicevano in quel periodo. Quando successivamente i clienti furono visitati dall'agente di zona, molti si sentirono in dovere di effettuare un ordine di prova, per "ricambiare" la cortesia inaspettata.

Cerca costantemente di convogliare nuova clientela verso le attività dei tuoi acquirenti, di creare anche degli eventi speciali, quando possibile, all'interno dei loro locali (un'azienda specializzata in forniture alberghiere, per esempio, potrebbe organizzare la convention annuale proprio presso uno dei suoi più importanti clienti).

SEGRETO n. 2: il modo migliore per conquistare la fiducia dei clienti ed essere sempre nei loro pensieri è quello di compiere azioni che non si aspettano e di divenire promotori instancabili della loro attività.

Strategia di auto-sabotaggio: la Volubilità

Giorgio, un venditore di un'azienda concorrente, alcuni anni fa ha iniziato l'attività pieno di speranze ed entusiasmo, deciso a crearsi un futuro in questo settore. Parlantina sciolta, modi affabili, aspetto da classico "bravo ragazzo". Nonostante queste caratteristiche positive, dopo solo un anno è precipitosamente sparito dalla circolazione, ritornando alla sua vecchia occupazione di dipendente presso un'azienda di autotrasporti.

Perché è successo questo, secondo te? Fabio invece, anch'egli molto simpatico, aveva una capacità innata: riusciva a passare da un'azienda a un'altra alla velocità della luce, colpevolizzando ogni volta il malcapitato datore di lavoro per i suoi insuccessi sul campo (i suoi argomenti erano all'incirca questi: i prodotti non vanno bene, il servizio è scadente, l'amministrazione fa un sacco di errori, il marketing non è innovativo come quello della concorrenza, i corrieri sono lentissimi). Pensi che lavori ancora come commerciale?

Ricordati sempre che, soprattutto agli inizi della carriera, è difficile che i tuoi contatti acquistino durante le prime visite: non ti conoscono, non sanno se sei affidabile. Magari non conoscono neppure la tua azienda. Per loro sei uno dei tanti: perché dovrebbero comprare da te?

Per ottenere il primo ordine da un nuovo contatto, spesso sono necessari anche sei o sette incontri, a volte di più; il cliente in questa fase ti sta semplicemente dicendo: «Non sono ancora pronto ad acquistare da te, voglio conoscerti meglio».

Molto spesso quindi si rischia di ignorare la forza propulsiva di due concetti fondamentali: *tenacia* e *perseveranza*. Ci si scoraggia (e ci si arrende) di fronte ai primi segnali di difficoltà; si cambia azienda mandante con troppa frequenza, bruciando la propria credibilità agli occhi dei clienti.

Antidoto immediato alla Volubilità

Credere fermamente di potercela fare: questo è il fattore che mi ha permesso di superare i primi difficili anni. Proprio per questo, ti consiglio una semplice mossa: prendi un foglio da disegno e un pennarello rosso, scrivi a caratteri cubitali le famose parole di Henry Ford «Sia che tu pensi di farcela oppure no, avrai comunque ragione» e appendilo sopra il tuo letto!

Utilizza questa tattica nel tuo lavoro quotidiano: a ogni visita o telefonata successiva, cerca di portare sempre nuove argomentazioni, nuove informazioni, anche se sono di poco conto (piccole variazioni dell'offerta, novità in arrivo sul mercato). Non limitarti a chiedere: «Ha dato un'occhiata all'offerta?», «Ha deciso qualcosa?» oppure «Ha provato il prodotto?». Con questo trucco eviterai di passare per un seccatore.

Ricordati questo concetto importante: se una trattativa è andata male, se hai ricevuto un NO, tu *non hai fallito*. Hai semplicemente capito gli errori da non commettere al prossimo incontro. Ti consiglio di fare, dopo ogni visita, specialmente se non è andata a buon fine, una piccola analisi prendendo degli appunti. Rivivi la scena dell'incontro e, ponendoti delle domande, cerca di capire se hai compiuto delle mosse false che ti hanno pregiudicato un esito positivo.

Evita di colpevolizzarti e alimentare pericolose credenze limitanti, dicendo «Non piaccio al cliente» oppure, peggio ancora, «Si vede che non sono portato per questo lavoro», ma poniti domande costruttive:

- *In quale aspetto posso essere più efficace?*
- *Come posso migliorare l'esposizione del prodotto la prossima volta?*
- *Come posso colpire l'attenzione di quel particolare cliente?*

Per finire, voglio sottolineare questo concetto: non esiste l'azienda perfetta, senza problemi; non è mai esistita. Il tuo compito è anche quello di contribuire a rendere migliore la tua, dando suggerimenti preziosi che, vedrai, saranno accolti con attenzione. Invece di lamentarti, confrontati spesso con i tuoi colleghi ed esponete insieme i problemi che riscontrate quotidianamente. Fate delle riunioni informali, facendole seguire da una buona pizza! Parlare spesso con i colleghi serve a mantenere sempre vivo l'entusiasmo per il lavoro. Scegliete poi un portavoce, il quale suggerirà all'azienda in nome di tutti le mosse strategiche da compiere per affrontare meglio il mercato.

SEGRETO n. 3: saper cogliere da ogni errore commesso un'opportunità di crescita permette di mantenere alto l'entusiasmo per il proprio lavoro.

Ricordo le primissime visite fatte come se fosse oggi. Mi chiedo come quei poveri clienti in seguito abbiano potuto prendermi in considerazione. Perché? Ero troppo insistente, non accettavo che mi si dicesse: «Non ho bisogno di nulla, ci vediamo più avanti». Alcuni di loro, seccati, erano giunti a indicarmi la porta d'uscita. Riconosco che in quel periodo ero piuttosto indisponente, data la mia inesperienza. Possedevo in compenso una buona dote: non mollavo la presa sul mio bersaglio, ritornavo sempre all'attacco con nuovi argomenti.

Strategia di auto-sabotaggio: Freddezza e Distacco

Ricordo che, durante una visita, il titolare del locale a un certo punto mi disse: «Sai, sembri un po' svogliato, pare che ti importi poco del fatto che io possa comprare o meno». Ma come, il cliente mi dà dello svogliato mentre io mi sforzo di fare al meglio il mio lavoro! Questo fu un grande campanello d'allarme per me, infatti dissi a me stesso: «Così non va, o cambi o non vai da nessuna parte!» Ho dovuto quindi modificare ben presto l'atteggiamento mentale sul lavoro, perché mi accorgevo che il mio modo di fare non era efficacissimo. Passavo da un locale all'altro distribuendo cataloghi e dicendo: «Io ho questo, io ho quello» senza fare la cosa più importante: trasmettere *emozioni.*

Meno male, comunque, che sbagliando s'impara! Rivivo con piacere, infatti, questo secondo aneddoto che mi insegnò molto. Durante i primi anni di attività non riuscivo assolutamente a fornire un locale molto conosciuto dalle mie parti e dalle potenzialità di fatturato veramente interessanti. Il titolare (ora si è ritirato dall'attività) era un tipo asciuttissimo, glaciale, anche con i dipendenti parlava a monosillabi! Io provavo a fare le mie proposte, a intavolare un rapporto ma… niente! Mi ignorava completamente. Dopo svariate visite, provai a cambiare tecnica e ad affidarmi a battute di spirito, giovialità e autoironia. Evitavo accuratamente di fargli visita munito di tutto il materiale illustrativo e i listini, ma semplicemente come un amico in vena di quattro chiacchiere. A poco a poco, iniziò a divenire più cordiale.

Fu un lavoro lento e paziente, ma ne valse la pena: nel giro di due o tre anni divenne il mio principale cliente in termini di fatturato. Incredibile vero? Addirittura più tardi ho scoperto che ero l'unico rappresentante che poteva entrare nel suo laboratorio, nessuno aveva mai messo piede nel tempio sacro!

Da questi esempi, uno negativo, l'altro positivo, ho appreso e catalogato nel mio personale database dell'auto-sabotatore professionista il seguente errore strategico: assomigliare inconsapevolmente alla figura professionale che io chiamo del "Venditore Calma Piatta". Egli è fondamentalmente privo di entusiasmo per il suo lavoro e per i prodotti che propone. A causa di questo, utilizza a dosaggio troppo basso il magico acronimo S.U. (SORRISO + UMORISMO). A volte poi commette l'errore contrario: non avendo confidenza con queste armi, travisa e interpreta in maniera errata il loro significato, finendo per sconfinare nella maleducazione o nell'eccessiva confidenza.

Antidoto immediato alla Freddezza e al Distacco

Ti consiglio di "scaldarti" un po' quando esponi il tuo prodotto, mettici della sana energia, non assumere un'aria imperturbabile, non limitarti a elencare in maniera fredda le caratteristiche tecniche della tua proposta; se tu per primo sarai convinto di avere il migliore prodotto del mondo, trasmetterai questa convinzione al tuo cliente inducendolo ad acquistare.

Per diventare entusiasta, assumi gli atteggiamenti e i modi di fare di una persona entusiasta; comportati cioè *come se* fossi già entusiasta! Chiediti: «Come mi comporterei, cosa direi, come sarebbe la mia voce e la mia postura se in questo momento fossi entusiasta?» Visualizza la scena nella tua mente, di seguito replicala nella realtà. In alternativa a questo, puoi prender spunto da persone (sono certo che ve ne sono intorno a te) particolarmente ottimiste, gioiose e solari: osservale attentamente, "assorbine" gli aspetti più interessanti, *modellane* i comportamenti più efficaci.

Evita di commettere l'errore contrario, ossia di trasformarti in una sorta di clown che arriva dal cliente urlando e improvvisando teatrini. Ho conosciuto un ragazzo che adottava pesantemente questa tecnica: ora ha cambiato lavoro. Il tuo compito non è fare il comico, ricorda che sei lì anche per vendere. Il rischio è quello di perdere in poco tempo credibilità e reputazione. Racconta piuttosto degli episodi buffi che ti sono capitati, delle figuracce che hai fatto, situazioni in cui appari "l'imbranato" di turno: risulterai subito simpatico al tuo interlocutore, sembrerai molto più "alla mano". I venditori che fanno i divi, gli altezzosi, in genere non fanno molta strada. Un mio cliente mi ha confidato che tutti i venerdì chiude a chiave la porta del suo laboratorio e spegne il cellulare, perché è il giorno in cui il rappresentante X passa in zona...

Stai lontano dalle battute di spirito avventurose sui colleghi di settore del tuo cliente (ossia gli altri tuoi contatti, attuali e futuri!): se venissero riportate, come ti accoglierebbe la vittima dello scherno? Pensi di potergli vendere qualcosa? Se non conosci a fondo la persona che ti sta di fronte, ti sconsiglio inoltre le barzellette a sfondo politico, religioso e sessuale: se cozzano con qualche sua profonda convinzione, difficilmente ti considererà un suo alleato in futuro.

Osservati ogni mattina per due minuti allo specchio: la tua espressione è troppo seriosa? Sembri pronto a salire su un ring? Ricordati un piccolo particolare: il sorriso deve venire da dentro, dal cuore, deve essere, quindi, sincero. Un sorriso abbozzato, di circostanza, che non coinvolge anche i muscoli nella zona degli occhi, può essere interpretato male. Quindi non barare, sorridi con gioia!

SEGRETO n. 4: entusiasmo, sorriso e un umorismo dosato sapientemente permettono di stabilire meglio un rapporto, trasmettendo passione per il proprio lavoro e convinzione verso la qualità della merce.

Strategia di auto-sabotaggio: il Look Sbagliato

Come ho già accennato nell'introduzione, tutti i giorni mi confronto con gelatieri artigiani e pasticceri. Quindi operatori abituati a un lavoro fisico, che comporta il contatto con materie prime e che di sicuro non agiscono dietro una scrivania, ma si "sporcano le mani". I primi tempi notavo che, abbastanza frequentemente, mi rivolgevano frasi tipo queste: «Eh, tu sì che fai la bella vita, sempre in giro e tirato a lucido». Oppure (osservando il tessuto della giacca): «Si vede che voi rappresentanti state bene, fate i soldi senza far niente, mentre noi lavoriamo dalla mattina alla sera!»

Come si presentava il sottoscritto? In abito scuro, cravatta in tinta e orologio prezioso in bella mostra! No, così non andava, si creava troppa distanza psicologica tra me il cliente, apparivo troppo diverso da lui, troppo lontano dal suo mondo. Lo sbaglio, dunque, in questo caso, era la mia incapacità di adattare l'abbigliamento al target di clientela. In particolare gli errori più comuni che si possono commettere sono: effettuare la scelta e l'utilizzo di un tipo di abbigliamento solo ed esclusivamente in base ai gusti personali, mantenendolo fisso e immutabile; ignorare, sempre e comunque, il valore della parola *sobrietà*; utilizzare un vestiario e accessori di alto valore per ostentare superiorità rispetto a chi ci sta di fronte. In altre parole, trasmettere lo sgradevole messaggio: «Io guadagno più di te».

Antidoto immediato a un Look Sbagliato

Robert B. Cialdini, nel famoso libro intitolato *Le armi della persuasione*, supporta con prove scientifiche i concetti che abbiamo appena analizzato. Nel capitolo in cui approfondisce il "principio della simpatia", sono esposti i risultati sorprendenti di alcuni test condotti negli anni Settanta: le persone tendono molto di più ad acconsentire alle richieste dell'interlocutore se quest'ultimo *ricalca* il loro modo di vestire (negli esperimenti si chiedeva in particolare di firmare delle petizioni e di prestare piccole somme di denaro). Adatta perciò il tuo abbigliamento al prodotto che proponi e alle persone che dovrai visitare. Ricorda il detto: *chi si somiglia si piglia.* Anche l'abbigliamento è uno strumento importante per creare *rapport*, come ci insegna la PNL, ossia un clima di sintonia con l'interlocutore.

Credo sia facile e immediato adattare queste riflessioni al tuo settore specifico; in ogni caso non esagerare in maniera grossolana, come un mio giovane concorrente che si presentava dai clienti, nel periodo estivo, con bermuda e infradito! Sembra incredibile, ma è successo. Il problema è che il passaparola è micidiale: episodi banali come questo possono bastare per screditare una persona per sempre.

Rappresenti un'azienda di gioielli? Credo che un look come

quello da me adottato inizialmente sia più che indicato. Vendi bulloni e attrezzature varie ai meccanici? Io metterei un maglione e un paio di jeans.

SEGRETO n. 5: l'osservazione attenta del modo di vestire dei propri interlocutori quotidiani e l'adattamento a esso è una tecnica molto efficace per creare un'intesa immediata.

RIEPILOGO DEL CAPITOLO 1:

- SEGRETO n. 1: un'impostazione mentale basata sull'umiltà consente di mantenersi focalizzati sull'ascolto e la collaborazione, permettendo una crescita professionale e un miglioramento costanti.
- SEGRETO n. 2: il modo migliore per conquistare la fiducia dei clienti ed essere sempre nei loro pensieri è quello di compiere azioni che non si aspettano e di divenire promotori instancabili della loro attività.
- SEGRETO n. 3: saper cogliere da ogni errore commesso un'opportunità di crescita permette di mantenere alto l'entusiasmo per il proprio lavoro.
- SEGRETO n. 4: entusiasmo, sorriso e un umorismo dosato sapientemente permettono di stabilire meglio un rapporto, trasmettendo passione per il proprio lavoro e convinzione verso la qualità della merce.
- SEGRETO n. 5: l'osservazione attenta del modo di vestire dei propri interlocutori quotidiani e l'adattamento a esso è una tecnica molto efficace per creare un'intesa immediata.

CAPITOLO 2:
Come affinare il colloquio

Ho partecipato alcuni anni fa a un corso di vendita in cui, discutendo delle modalità di selezione degli agenti, si sosteneva questo concetto: non si può parlare di agenti competenti o meno capaci in senso assoluto, bensì di personale commerciale che è funzionale o meno agli obiettivi aziendali e che si adatta nel miglior modo ai prodotti e alla zona di competenza.

In altre parole, in un'ipotetica fase di ricerca del proprio rappresentante, una società potrebbe decidere di scegliere, tra tutti i pretendenti al ruolo, una figura tecnicamente meno preparata rispetto ad altre, ma che potenzialmente ha più possibilità di far crescere il fatturato nella sua zona (per esempio perché non ha altri mandati di rappresentanza con altre aziende e può quindi dedicare più tempo alla ricerca di nuovi clienti; oppure perché, nonostante sia inesperta, mostra di avere grande entusiasmo e voglia di crescere). Il ragionamento mi trova d'accordo; voglio sottolineare tuttavia che, nella valutazione del professionista, non si potrà prescindere da un'analisi attenta della sua tendenza o meno a ripetere con sistematicità determinati errori strategici durante le varie fasi della trattativa (oltre a una riflessione sul suo atteggiamento mentale, argomento che abbiamo già sviluppato). In questo capitolo valuteremo nello specifico le modalità di conduzione del colloquio, che sono assolutamente da evitare se si punta a una collaborazione duratura con i propri contatti.

Sia ben chiaro, ogni venditore ha un suo stile comunicativo personale e sarebbe sbagliato da parte dell'azienda pretendere di modificarlo a fondo. È giusto, inoltre, che egli si concentri soprattutto sulle sue qualità migliori (conosco per esempio dei colleghi che sono delle enciclopedie viventi del settore, ma vendono pochissimo rispetto a colleghi più giovani ma molto più grintosi). Tutti però devono stare alla larga dai punti che andremo adesso a commentare, se vogliono evolvere da "Venditori serve qualcosa?" a "Venditori Premium".

Strategia di auto-sabotaggio: la Supponenza

Durante il primo anno di attività fui contattato da un'azienda che si stava affermando con una certa velocità, grazie all'offerta di articoli piuttosto innovativi per quel periodo. Nella mia zona erano, come si dice in gergo, "scoperti", per cui mi proposero una collaborazione, che accettai molto volentieri. Dato che all'epoca la mia conoscenza dei vari prodotti di listino era limitata, così come lo era la mia capacità di vendita, il titolare in persona si offrì di affiancarmi, per alcune giornate, nel mio abituale giro di visite.

Rimasi subito colpito dalla sua originale (e brevettata?) tecnica di approccio, impostata regolarmente sulla seguente frase: «Lei sta sbagliando proprio tutto, il prodotto che usa non va bene, adesso le spiego io come fare!» In verità era più colorito, ma lasciamo stare. Secondo te, raccogliemmo ordini durante quelle giornate? Pensi che il colloquio scorresse in maniera fluida e cordiale come una chiacchierata tra amici? Ti stai forse chiedendo quali furono i commenti dei clienti quando li visitai successivamente? È presto detto, erano tutti incentrati sul concetto: «Non ti fare più vedere con quel tipo, altrimenti qui dentro non metti più piede!»

Da questo episodio ho imparato quanto sia controproducente continuare a insistere nell'interpretazione della figura commerciale del "Venditore Professore", quello che impartisce la sua lezione agli alunni. Questo comportamento, inoltre, racchiude tre importanti sub-strategie letali: contraddire troppo apertamente il cliente; instaurare regolarmente discussioni troppo serrate, tipo "incontro di boxe"; esprimere con assiduità opinioni troppo nette e decise, seguendo lo schema mentale "o è Bianco o è Nero".

Antidoto immediato alla Supponenza

Evita di ribattere a un'osservazione usando espressioni come: «Non sono assolutamente d'accordo con lei», oppure «Lei è clamorosamente in errore». Dai invece sempre ragione al cliente, mantenendo la calma, anche quando è totalmente fuori strada. Annuisci sempre quando lo ascolti cercando, contemporaneamente, di portare il colloquio su argomenti meno scivolosi.

Invece di prendertela se il cliente non ti ritiene abbastanza autorevole, porta degli esempi di clienti che hanno provato la tua merce o i tuoi servizi e sono soddisfatti e proponi di mettersi in contatto con loro e di scambiarsi opinioni. Alcune aziende mettono per esempio sui propri cataloghi i nomi di clienti importanti con i quali hanno collaborazioni continuative: chi meglio dei tuoi attuali clienti può testimoniare la validità di ciò che hanno acquistato?

Tutto ciò che dici non deve avere le sembianze di un comandamento scolpito nella pietra, immutabile, ma il consiglio disinteressato di un consulente che vuole aiutare. Una frase idonea credo che sia questa: «Dalla mia esperienza passata, ho notato molte volte il seguente aspetto...» Risulta molto utile portare dei dati statistici per sostenere i tuoi consigli, in genere fanno colpo sul cliente (non inventarli, però, devono essere veritieri e verificabili!).

In ogni caso, rassegnati: è impossibile "salire in cattedra" e riuscire, inondandolo di fiumi di parole, a far cambiare al cliente alcuni suoi pregiudizi o comportamenti, per quanto sbagliati, ormai sedimentati nel tempo. Il modo migliore per conquistare la sua fiducia è quello di dimostrare che ciò che stai esponendo circa il tuo prodotto è semplicemente la verità. In che modo? Attraverso una dimostrazione pratica sul campo. Attraverso una prova *live* si convincerà che il tuo prodotto è valido e che non gli stai raccontando frottole da venditore improvvisato; se ne innamorerà già durante la dimostrazione. Infatti, è fondamentale far partecipare attivamente il cliente al test, perché deve venire in contatto con il prodotto, poterlo toccare, annusare (se possibile!), controllare. Nel caso in cui non sia possibile avere fisicamente la tua merce presso il cliente, magari perché astratta in quanto vendi dei servizi, utilizza molto degli schemi grafici, con frecce e figure geometriche, dei disegni, delle fotografie. Se invece il prodotto è ingombrante, porta con te dei campioni di piccole dimensioni.

Quando organizzo nella mia zona, con le aziende che rappresento, dei corsi di formazione per presentare nuovi prodotti, il dimostratore invita sempre qualche cliente a diventare per alcuni minuti il protagonista: gli cede il posto e lo invita a ripetere i passaggi della lavorazione del prodotto davanti ai suoi colleghi. Si crea immediatamente un clima cordiale, di simpatia, oltre che di fiducia verso l'azienda. Questo è un ottimo modo per prevenire la sindrome da "Venditore Professore".

SEGRETO n. 6: rispettare sempre il punto di vista del cliente, senza cercare di imporre le proprie idee a ogni costo, è il modo migliore per risultare credibili; un sistema di vendita efficace è quello di far testare direttamente il prodotto al cliente.

Strategia di auto-sabotaggio: le Chiacchiere Inutili

Anni fa un cliente di nome Gerard, che ora ha venduto l'attività e si sta godendo la meritata pensione, quando mi incontrava mi diceva sempre: «Tu sì che sei un bravo fornitore, quando mi serve della merce sei l'unico che devo cercare, l'unico al quale devo telefonare per poterti vedere!»

Inizialmente, questo suo modo di porsi mi lasciò perplesso: non capivo se stesse scherzando, oppure se fosse una critica al mio modo di organizzare le visite. Mi stava forse dicendo che non si sentiva seguito abbastanza? Il mio dubbio era rafforzato dal fatto che non ero entrato ancora in confidenza con lui; in altre parole, la sua "mappa" non mi era ancora chiara. Un giorno decisi di rompere gli indugi e, con atteggiamento scherzoso, gli chiesi di spiegarmi i motivi della sua frase ricorrente. La risposta fu questa:

«Perché mi trovo bene con te? Semplice, non sei come i tuoi colleghi, che bivaccano qui in laboratorio raccontandomi tutte le loro storie sulle loro vacanze e i loro successi amorosi. Con te, invece, decido io quando vederti e so che in cinque minuti arriviamo al sodo. Io devo lavorare!»

È straordinario come spesso da episodi banali si possa imparare così tanto! Parecchi agenti purtroppo sono inconsapevoli di alimentare la propria fama di "Venditore Lingua Lunga". Ignorano la propria incapacità di giungere brevemente al motivo principale della visita oppure ai benefici essenziali del prodotto. Non contenti, incentrano sempre il colloquio su se stessi, impedendo al cliente di raccontare la sua storia, i suoi desideri, le sue ambizioni. Ricordo come fosse oggi che, quando ero ragazzino, in famiglia venivamo spesso visitati da intraprendenti venditori di batterie di pentole: sommergevano inutilmente i miei genitori di aspetti molto tecnici, ai quali spesso non erano per nulla interessati e che, anzi, li allontanavano semplicemente dall'acquisto.

Antidoto immediato alle Chiacchiere Inutili

Attieniti alla regola infallibile di Pareto: durante la visita il venditore deve, per l'ottanta per cento del tempo, domandare e ascoltare. Per il restante venti per cento, argomentare il prodotto. Ricorda sempre, per poterla sfruttare a tuo vantaggio, questa grande verità: **il cliente ama parlare di sé.** È improduttivo per il venditore incentrare la conversazione su se stesso («Io sono...» «Io ho fatto...» «Io penso che...»); quando sei da un potenziale acquirente, con le giuste domande stimolalo a raccontare la sua storia, le sue esperienze, i suoi successi personali, i suoi progetti per il futuro. Alcuni sono dei veri fiumi in piena, non vedono l'ora di incontrare qualcuno che li ascolti facendoli sentire importanti. Tale modo di procedere ti permetterà inoltre di rompere il ghiaccio facilmente con chiunque, anche con le persone più arcigne, sospettose e introverse (magari queste ultime parleranno solo per dieci minuti e non per un'ora come altre, ma comunque avrai raggiunto un ottimo risultato!).

Alle volte usando questo sistema possono nascere dal nulla anche delle vere e proprie amicizie tra compratore e venditore. È molto più facile vendere a un amico, sei d'accordo? Poni quindi delle domande tipo queste:

- *Quanto tempo fa ha iniziato l'attività?*
- *In che anno ha deciso di aprire la nuova sede?*
- *Com'è riuscito a superare quell'annata disastrosa per il nostro settore?*
- *Di cosa si occupano in azienda i suoi figli?*

Nella maggior parte dei casi, il cliente non è interessato agli aspetti tecnici, quindi non ha senso elencare a vuoto caratteristiche troppo specifiche. Molto spesso il potenziale acquirente vuole solo soddisfare questa domanda: «In che modo quello che mi offre può aiutare me o la mia azienda?» Prima di entrare da un cliente, o di telefonare, imposta sempre questa scaletta mentale:

- saluti e piccola presentazione;
- motivo della visita;
- acquisizione di eventuali informazioni mancanti per scoprire il bisogno essenziale da soddisfare;
- spiegazione dei benefici che il prodotto può apportare al

lavoro del cliente;

- tentativo di vendita o accordo per un appuntamento successivo.

Per concludere, voglio accennare a un aspetto interessante: alle volte alcuni venditori continuano a parlare senza sosta per paura che il cliente arrivi a pronunciare il fatidico: «No, non ne ho bisogno, ripassi più avanti». Altri sperano che, utilizzando discorsi fumosi, non si accorga di aspetti "deboli" della loro proposta (per esempio, continuando a elencare a raffica caratteristiche o decantando qualità mirabolanti per nascondere un prezzo elevato). Fai parte di queste categorie? Prova a scoprirlo rivivendo i due o tre colloqui più recenti, magari mettendo per iscritto i passaggi salienti. Ti accorgerai immediatamente se potevi essere più sintetico e chiaro.

SEGRETO n. 7: far parlare i propri clienti delle loro esperienze aiuta il venditore a non dilungarsi troppo con particolari inutili; si dimostrerà attento alle loro esigenze senza rischiare di annoiarli.

Strategia di auto-sabotaggio: la Vendita Spinta

Credo che sia dovere di ogni venditore, a ogni colloquio, di tentare di vendere. Magari in maniera *soft*, ma deve sempre tentare di arrivare a una chiusura. Ma è altrettanto vero che deve essere in grado di rinunciare all'ordinazione, oppure accontentarsi di una di entità minore, quando si rende conto che il prodotto o le quantità non sono idonei per il cliente, o addirittura possono causargli disguidi.

Facciamo un esempio estremo, per capire: appena lasciato il suo lavoro come dipendente, munito di tanto entusiasmo ma scarsa preparazione tecnica, il novello titolare di una nuova pizzeria, di metratura limitata, ordina un forno troppo grande, costoso e ingombrante, a causa della sua inesperienza e dell'eccessivo ottimismo. Cosa faresti se fossi il rappresentante della ditta di forni? Lo inviteresti a riflettere e a optare per un macchinario più modesto, se il tuo guadagno risultasse dimezzato? Oppure contatteresti tutto trionfante l'azienda per comunicare con orgoglio la tua impresa ai colleghi?

Durante la cosiddetta gavetta, provavo una certa soddisfazione quando riuscivo a piazzare, forzando la mano, dei prodotti che non erano particolarmente graditi dal mercato e che l'azienda faticava a distribuire, oppure quando riuscivo a ottenere grosse ordinazioni (magari approfittando dell'inesperienza o della fiducia altrui) che il cliente difficilmente sarebbe riuscito a smaltire. La mia soddisfazione aumentava soprattutto quando notavo che tali mosse non riuscivano a colleghi con più anni di lavoro alle spalle del sottoscritto. Purtroppo in quel periodo non fui mai toccato dal dubbio che i miei colleghi potessero consapevolmente evitare di auto-sabotarsi.

Un altro momento in cui incappavo in questa mentalità "spingi spingi" era quello in cui stava per terminare il cosiddetto *canvass* (ossia il periodo di tempo, ad esempio un quadrimestre, a cui l'azienda lega delle promozioni, degli obiettivi e dei premi per l'agente) e mancava un soffio al raggiungimento dell'obiettivo di fatturato. Figuriamoci, non volevo assolutamente rinunciare a dei premi extra, la mia autostima ne avrebbe risentito pesantemente! Quindi divenivo insistente a livelli esponenziali, cercavo di piazzare di tutto e di più, in qualche caso mi mettevo a "mendicare" favori (ho capito più tardi che elemosinare degli ordini è una forma piuttosto sofisticata e controproducente di vendita spinta). Inutile dire che, in alcuni casi, ho pagato caro questo mio modo di fare.

Durante un giro di visite in cui ero accompagnato da un ispettore di zona, sai cosa mi disse invece Marisa, l'energica titolare di un locale in una rinomata località montana? «Il suo collega devo dire che mi ha dato degli ottimi consigli, lei invece sembra interessato solo a vendermi qualcosa!» Che mi dici? Ti lascerebbe indifferente un'osservazione del genere?

Un errore strategico piuttosto comune è quello di agire con la mentalità e gli atteggiamenti tipici della vendita spinta. La conseguenza è di trasmettere al cliente la sgradevole sensazione di essere interessati solo al proprio guadagno personale e di interpretare la vendita solo come un accumulo di provvigioni.

Altro vizio duro a morire è quello di promettere condizioni commerciali (sconti, tempi di consegna, modalità di pagamento, premi in merce) fortemente penalizzanti per l'azienda (o addirittura insostenibili), con il solo obiettivo di concludere la vendita nel minor tempo possibile («Se decidi oggi stesso per i due quintali, non ti preoccupare che per il pagamento ci mettiamo d'accordo»). A volte, approfittando della fiducia di clienti abituali, oppure della loro mancanza di aggiornamento professionale, si cercano di piazzare prodotti inutili o addirittura dannosi.

Antidoto immediato alla Vendita Spinta

Ricorda sempre questo concetto: rinunciare a una provvigione oggi può voler dire conquistare la fiducia del cliente domani. Le persone insoddisfatte del tuo modo d'agire, potrebbero crearti danni irreparabili facendoti una pubblicità negativa attraverso il passaparola a colleghi o conoscenti. Crearsi una brutta reputazione è il modo più veloce per uscire dal mercato.

SEGRETO n. 8: per essere veramente apprezzati e rispettati è necessario interpretare il proprio lavoro principalmente come servizio al cliente, agendo come risolutori di problemi, piuttosto che cacciatori di guadagni immediati.

Strategia di auto-sabotaggio bis: la Disonestà

Quella che segue è la strategia di auto-sabotaggio precedente, elevata all'ennesima potenza. La più fastidiosa e la più pericolosa: è quella adottata dai commerciali che mentono in maniera plateale sulle caratteristiche del proprio prodotto o su alcuni aspetti della proposta commerciale e assumono comportamenti scorretti e contrari all'etica professionale.

Antidoto immediato alla Disonestà

Non tentare mai di arrivare alla chiusura della trattativa omettendo particolari che pensi ti possano mettere in difficoltà o rallentare la decisone del cliente. Quando li scoprirà solo dopo aver firmato o ritirato la merce, il tuo brand ne uscirà a pezzi. Per esempio, se un cliente, dopo parecchie visite, si decide per un piccolo ordine di prova, e sai che la tua azienda è oggettivamente più lenta del suo fornitore attuale, evita una frase come questa: «Non si preoccupi, tra tre giorni la merce sarà nel suo magazzino!»

Un aspetto importante da non sottovalutare è il seguente: non usare la frase «Fidati della mia parola», che è veramente odiosa.

Quando la merce dell'esempio precedente, come tu ben sai, non arriverà nei tempi enunciati, perché dovrebbe fidarsi di te in futuro?

È tipico il caso degli aumenti di prezzo, che molto spesso vengono fatti passare sotto silenzio. Che succede? Al momento dell'arrivo della fattura, si creano accanite discussioni tra venditore e compratore. Soprattutto se tratti merce che subisce oscillazioni di prezzo notevoli (nel mio caso sono, per esempio, il cacao e il latte in polvere), è tuo dovere informare i clienti di questi cambiamenti in maniera repentina; agendo così ottieni, tra l'altro, anche l'obiettivo di apparire sempre aggiornato sull'evolversi del tuo mercato e ti crei un'immagine di vero consulente.

Se ti accorgi solo in un secondo momento che hai commesso degli errori nella stesura dell'offerta scritta appena consegnata, proponendo condizioni che non puoi mantenere, devi avere l'onestà di ammetterlo. Agisci così anche se questo potrebbe pregiudicare la vendita; non c'è cosa più spiacevole per il cliente che sentirsi preso in giro. Può capitare, inoltre, che il cliente si lanci a capofitto, tutto entusiasta dell'azienda (e probabilmente anche di te), su uno dei tuoi prodotti o servizi, senza aver ben capito i rischi che corre o avendo interpretato male alcuni aspetti contrattuali. Questo accade soprattutto per la mancanza di adeguate conoscenze del settore oppure per inesperienza. Poniamo che tu sia un consulente finanziario. Agendo con onestà, potresti per esempio dire: «Signor XY, grazie innanzitutto per averci contattato. Con tutto il rispetto per suo cugino che le sta dando qualche dritta sugli investimenti, mi sento in dovere di dirle che in questo momento noi non consigliamo tali prodotti. Si tratta infatti di obbligazioni particolarmente a rischio. Le probabilità di perdere tutto il capitale sono troppo alte».

Strategia di auto-sabotaggio: il Monologo Standard

Anche se non ci vediamo più da tanto tempo, causa il suo trasferimento per motivi lavorativi, ricordo sempre con piacere il mio caro amico Gigi, che frequentava il mio stesso Istituto per ragionieri. Era per tutti noi una specie di guida spirituale, un idolo. Perché? Aveva un incredibile successo con l'universo femminile dell'epoca e tutti noi cercavamo di carpire il segreto della sua dimestichezza con l'argomento "seduzione".

Qual era la sua tattica preferita? Ci raccontava che tendeva a mantenere, nei suoi colloqui con le ragazze, un certo alone di mistero attorno a sé: riguardo a quello che faceva nel fine settimana con i suoi amici, riguardo ai suoi interessi e al suo passato. In altre parole, centellinava le informazioni! Mentre noi, poveri diavoli, dopo la prima pizza avevamo già esaurito le nostre argomentazioni. Le donzelle sapevano già tutto di noi. La sua seconda super specialità, come la chiamava lui, era quella di riuscire a capire al volo le attitudini e le preferenze della principessa di turno, per poi adattarvisi di conseguenza come un camaleonte. Secondo te, Gigi potrebbe portare contributi preziosi se partecipasse a un corso di vendita?

Qualche anno fa ho affiancato un nuovo agente che, essendo agli esordi e provenendo da un altro settore, aveva bisogno di acquisire maggiore confidenza con l'ambiente di lavoro e con i prodotti. Qual era il suo modo di procedere? Appoggiava il suo catalogo scintillante sul bancone e, partendo da pagina uno, senza perdersi in convenevoli, attaccava all'incirca così: «Abbiamo questo articolo che è veramente... C'è quest'altro semilavorato che si può usare così e così... Ci sono inoltre questi accessori veramente ottimi che...» Fino a pagina quindici, senza respirare! Una volta entrati da un nuovo cliente, ricominciava il ritornello, sempre uguale, sempre con le stesse pause, come un martello pneumatico. Credi sia il modo giusto d'agire? Oppure pensi che il cliente possa sentirsi sotto assedio?

L'errore strategico, in questo caso, consiste nel disinteressarsi dei reali bisogni del cliente, ignorando l'importanza di far emergere durante il colloquio il "fattore X", ossia l'esigenza fondamentale che il cliente deve soddisfare. Quello che io chiamo il "Venditore Mitraglia" è abituato a "sparare" i propri prodotti e le loro peculiarità a raffica; il guaio è che le pallottole sono lanciate al buio, senza sapere dov'è piazzato il bersaglio. In definitiva, crede che i clienti siano tutti uguali (e che abbiano le stesse esigenze), perciò adotta gli stessi metodi e gli stessi comportamenti con tutti. Generalmente, esaurisce troppo presto le proprie argomentazioni.

Antidoto immediato al Monologo Standard

Evita di cercare di impressionare il cliente elencando tutte le caratteristiche del tuo prodotto, facendo la parte del "rullo compressore" per dimostrare di essere preparato tecnicamente e di conoscere a fondo la materia; finirai solo per irritarlo e non giungerai alla chiusura dell'ordine (a meno che tu non sia fortunato nel trovare un contatto che abbia urgenza del tuo prodotto). Ricordati sempre che prima di giungere a una vendita con un nuovo contatto, bisogna visitarlo dalle sei alle sette volte: se non compra nulla al primo approccio, cosa gli racconterai negli incontri successivi, se hai già sparato tutte le tue pallottole? Se il tuo bersaglio conosce già tutto del tuo prodotto e di te, in che modo puoi ottenere un altro appuntamento da lui?

Cerca invece di mantenere desta l'attenzione del cliente portando sempre nuove informazioni, nuovi elementi di discussione, piccole modifiche all'offerta iniziale. Coinvolgi il tuo potenziale acquirente nel percorso verso la ricerca della soluzione ottimale per lui. Imponiti di non esporre tutti i vantaggi della tua merce alla cieca, sperando di accennare a qualcosa che sia di suo interesse. L'attività di vendita, se viene interpretata nel modo errato, può essere molto frustrante e demotivante.

Come fare per scoprire il "fattore X"? Non sempre il cliente vuole esprimerlo, oppure non riesce a esprimerlo chiaramente:

se non lo conosci, come ti muovi? Semplice, fai l'investigatore, fai domande pertinenti! Uno stesso prodotto infatti può essere acquistato da persone diverse che devono soddisfare bisogni diversi:

- bisogno di prestigio;
- bisogno di sicurezza, solidità;
- bisogno di appartenenza;
- desiderio di risparmiare.

Un venditore di automobili, per esempio, potrebbe vendere la stessa auto costosa a persone completamente diverse: uno deve soddisfare il proprio ego, l'altro cerca la solidità e la spaziosità, l'altro ancora ha saputo che alcuni suoi colleghi l'hanno già prenotata (bisogno di appartenenza). Le domande corrette da porre sono simili a queste:

- *Cosa mette al primo posto nella scelta di...*
- *Secondo lei qual è il requisito più importante che deve avere...*

Se riesci a scoprire questo elemento decisivo, molto probabilmente con ulteriori abili domande riuscirai ad arrivare all'ordine. Per esempio, stai offrendo un semilavorato per pasticceria e hai capito che per il cliente l'aspetto più importante è il risparmio di tempo. Potresti dire: «Se, dopo aver fatto la nostra dimostrazione, notasse che veramente potrebbe risparmiare circa dieci minuti nella lavorazione, potrei passare in azienda un piccolo ordine di prova?»

Mantieni un po' di "mistero" attorno al tuo prodotto, crea un'atmosfera di attesa per il tuo prossimo appuntamento evitando di svelare tutti i particolari: susciterai nel cliente una certa curiosità e lo metterai in uno stato di leggera eccitazione. Sarà più predisposto all'attenzione e giungerai più facilmente alla conclusione dell'affare.

SEGRETO n. 9: un valido atteggiamento mentale è quello di paragonarsi sempre a un sarto, che "taglia" su misura la proposta commerciale in base ai bisogni specifici del cliente. Evitare di presentare i propri prodotti e servizi come fossero preconfezionati e standardizzati permette di valorizzarli.

Strategia di auto-sabotaggio: la Denigrazione

Questa è la mia sezione preferita: si tratta di una strategia che utilizzavo in maniera pesante e scientifica nel primo anno di attività. Meno male che dei colleghi altruisti hanno messo un freno a questo mio comportamento. In questo senso mi hanno aiutato molto anche gli stessi clienti; a un certo punto, scocciato dal mio modo di fare, il sig. Filippo mi disse: «Ma la smetti di parlar male di X e Y? Guarda che sei un rappresentante, dovresti provare a vendermi qualcosa!»

In un'altra occasione, dopo estenuanti tentativi da parte mia di dimostrare che il prodotto che utilizzava era inferiore al mio, mi disse: «Ti ricordo solo, per il tuo bene, che l'ultimo personaggio che mi ha detto che la mia pasta di nocciola era scadente, ora sta facendo il muratore!» Conoscevo il tipo in questione, era tutto vero!

Confrontandomi con altri colleghi che operano in settori merceologici diversi, mi accorgo spesso che purtroppo cadono nell'errore di parlare in termini troppo negativi dei competitor, mostrando di disprezzarli e cercando di sminuire gratuitamente il loro lavoro e la loro merce.

Antidoto immediato alla Denigrazione

Elogia eventuali punti di forza dei tuoi concorrenti, qualora esistano in maniera inequivocabile. Otterrai un risultato importante: il cliente capirà che sei sicuro della validità dei tuoi prodotti, che non temi confronti, che non hai "paura" delle altre aziende. Sforzati di non citarli di continuo, in particolare non pronunciare il loro nome («L'azienda ABC non ha questo prodotto... La ditta DEF non fa questo nostro servizio...»). In questo modo eviterai di stuzzicare la curiosità del cliente. Continuando a parlarne, infatti, potresti suscitare il desiderio del tuo cliente di "testarli" («Vediamo se è vero che sono così scarsi, come dice lui!»).

Cerca quindi di mettere in evidenza i tuoi punti di forza, non tentare di inculcare nel cliente un'immagine negativa dei tuoi concorrenti. Otterresti l'effetto contrario.

Un cliente potrebbe dire, per esempio: «La passata di pomodoro della ditta XY è la migliore sul mercato, nessuno riesce a imitarla!» In questo caso dagli ragione immediatamente (mai discutere o contraddire!): «Li conosco benissimo, è un'ottima azienda...» Immediatamente, verrai per incanto considerato un esperto del settore! Passa poi velocemente a un altro argomento, usando delle domande appropriate. In seguito, ritorna sull'argomento "passata di pomodoro" offrendo una prova gratuita del tuo prodotto.

SEGRETO n. 10: ammettendo con grande naturalezza i pregi degli avversari è possibile costruirsi un'immagine di consulenti sicuri di sé e dei propri mezzi.

Strategia di auto-sabotaggio: la Risposta Arrogante

Uno dei migliori sistemi per abbattere la fiducia che il cliente ripone in te, oltre che per rovinare la tua immagine di serio professionista, è quello di gestire in maniera arrogante e accusatoria un eventuale reclamo del cliente. La tattica in questione si può sviluppare in questi modi:

- partire all'attacco, dando per scontato che la causa del problema sia il comportamento del cliente (per esempio l'utilizzo errato di un elettrodomestico) e, di conseguenza,

criticarlo senza aver prima verificato a fondo la questione;
- evitare di "metterci la faccia" e delegare ad altri il problema;
- considerare non prioritaria la soluzione del reclamo, seguendo lo schema: «Io ho altro da fare»;
- usare l'approccio psicologico sbagliato con l'interlocutore.

Antidoto immediato alla Risposta Arrogante

La regola principe in questi casi è la seguente: **essere in prima linea, non nascondersi.** Tu sei il *trait d'union* con l'azienda; anzi, per il cliente TU sei l'azienda, i tuoi comportamenti sono lo specchio della stessa. Se vuoi apparire professionale, devi gestire il reclamo in prima persona, devi far capire al cliente che ci tieni veramente a lui e che farai tutto quanto è nelle tue possibilità per risolvere il disguido. Non scaricare semplicemente il problema agli uffici competenti, facendo capire che hai cose più importanti da fare; se segui bene tutto l'iter della procedura, infatti, il buon esito della gestione del reclamo potrebbe cementare il vostro rapporto.

Parti sempre con l'idea che, nella maggior parte dei casi, quando il cliente si lamenta in maniera decisa significa che qualcosa è andato veramente storto: errori nelle consegne, problemi qualitativi dei prodotti, promesse non mantenute, errori in fattura. Anche lui ha un'azienda da gestire e dipendenti da pagare: chi lavora sodo in genere non ha del tempo da perdere in questioni di poco conto. Segui comunque questa linea: quando ti espone il problema, magari anche in maniera concitata, non pensare a priori che abbia torto, rivolgendogli frasi del tipo:

- *Non ha seguito le indicazioni che Le avevo dato!*
- *I suoi dipendenti sono degli incapaci, non sanno usare il prodotto!*
- *Lei va sempre a cercare il pelo nell'uovo!*
- *Dovrebbe provare il prodotto del fornitore XY, quello sì che è scadente!* (la peggiore di tutte).

La conseguenza, infatti, sarebbe quella di irritarlo ancora di più. Quando ti espone le sue ragioni, prendi dei brevi appunti; ho notato che di solito il cliente si calma leggermente, in quanto capisce che le sue ragioni verranno prese in considerazione. La velocità in cui si procede nel risolvere i problemi riveste un ruolo fondamentale: più tempo passa, più il cliente si innervosisce e pensa di non essere considerato nel giusto modo. Riterrà magari opportuno iniziare a vagliare altri fornitori più affidabili.

Importantissimo è agire in sinergia con gli uffici aziendali, mantenendo con essi una comunicazione stretta: guai se da te e dagli impiegati in questi casi arrivano al cliente informazioni contrastanti.

Il miglior modo di approcciarti è fargli capire che sei dalla sua parte, che sarai un suo alleato in questa disputa. Le frasi più efficaci assomigliano a queste: «Fa benissimo a lamentarsi quando qualcosa non va, mi fa piacere che esponga i problemi così chiaramente, per noi è uno stimolo a migliorare sempre di più»; oppure: «Capisco perfettamente le tue ragioni. Anch'io al tuo posto mi farei sentire!» Anche in questi casi, infatti, dobbiamo ricordarci sempre il concetto di *rapport*, di sintonia.

Contrariamente a quanto si potrebbe pensare, di fronte a un cliente arrabbiato non bisogna rimanere calmi e impassibili, peggioreremmo la situazione. Inizialmente, per lo meno, bisogna seguirne l'andatura (quindi se parla velocemente e ad alta voce, gesticolando molto, bisogna fare lo stesso). In questo modo, gradualmente, riuscirai a portarlo (si dice "guidarlo" in PNL) su binari più gestibili. Meglio ancora, passo dopo passo sarai in grado di fargli comprendere e accettare il tuo punto di vista.

Tieni sempre in considerazione il fatto che spesso il reclamo si rivela una risorsa, perché mette in evidenza reali lacune nella gestione aziendale oppure difetti qualitativi nei prodotti. Inoltre, ho notato che il cliente è molto lusingato quando l'azienda, in seguito alle sue proteste o alle sue osservazioni critiche riguardo alla merce o al servizio, pone in essere i correttivi adeguati seguendo le sue precise indicazioni. È un sistema straordinario per "legarselo" a vita.

Un giovane e affermato barista/gelatiere che, ahimè, si rifornisce per il settanta per cento da un altro collega, mi ha detto un bel giorno: «Dovreste imparare dalla mia ditta! Mi sono lamentato parecchio per questo *topping* all'amarena, che era troppo denso. Mi hanno ritirato il lotto senza discutere e sono stato ospitato gratis in azienda. Mi è stato chiesto come secondo me doveva essere il prodotto e, dopo quindici giorni, era già pronto!» Ha proprio detto così, la *mia* azienda. Mi viene di dire, e lo dico: «Elementare, Watson!»

Strategia di auto-sabotaggio: il Pessimismo

Che tipo sei? Ottimista o pessimista? Quando affronti una nuova sfida, ti preoccupi più per i risvolti negativi che potrebbero capitarti oppure visualizzi te stesso che raggiungi l'obiettivo e ne assapori i benefici? Dopo ogni visita, sei solito fare un *rewind* mentale rapido, per analizzare cosa hai fatto di buono e di sbagliato? In particolare, che atteggiamento mentale mantieni durante tutto il colloquio? Ti capita durante la trattativa di avere e, ancora peggio, di trasmettere, un atteggiamento pessimistico circa la chiusura positiva della vendita?

La convinzione limitante "tanto so già che dirà di no" la puoi comunicare esternamente attraverso la tua voce (magari tremolante o dal tono basso e monotono), con la tua postura e con i termini che usi. Se inizi l'incontro con questa energia negativa, credendo di essere già sconfitto in partenza, hai almeno l'ottanta per cento di possibilità di uscire senza l'ordine! Vale la pena di porre dei rimedi, sei d'accordo?

Antidoto immediato al Pessimismo

Prima di incontrare il cliente, riprogrammati! Immaginati la scena finale in cui, tutto baldanzoso, sali in macchina con un grosso ordine pronto per essere trasmesso. Pensa agli incontri precedenti in cui hai avuto un particolare successo e durante i quali ti sei sentito molto sicuro di te stesso e delle tue capacità professionali.

Imponiti di non coniugare i verbi al condizionale ed evita la parola *se*; trasmettono negatività al tuo inconscio e seminano il dubbio nel cliente («Se Lei dovesse acquistare», «Se ritirasse oggi...»). Usa invece la parola *quando*, che comunica sicurezza e ottimismo. In pratica devi esprimerti come se la persona che ti sta di fronte avesse già acquistato. Quindi userai preferibilmente i verbi al presente o al futuro («Quando parcheggerà di fronte al bar, i suoi amici moriranno d'invidia»; «Quando mescoli il prodotto, ricordati di...»).

Mantieni sempre un atteggiamento disincantato verso il tuo lavoro; prendilo come un gioco e cerca di divertirti; non sei in una catena di montaggio, stai vendendo! Non prenderti troppo sul serio, rischi di passare il tuo tempo costantemente nervoso e stressato. A causa di questo modo di porsi si perdono spesso parecchie vendite; dicendo a se stessi "tanto so già che dirà di no", si evita di proporre l'acquisto in maniera sistematica, lasciando al cliente ogni iniziativa al riguardo.

Strategia di auto-sabotaggio: l'Errato Approccio Iniziale

Anni fa, appena entrato da un potenziale cliente molto interessante in termini di fatturato, mi sono diretto verso il bancone e ho detto: «Salve, ho un disperato bisogno di parlare con il Grande Capo Supremo...» Dopo una piccola pausa ho rivolto lo sguardo verso un quarantenne dalla faccia cordiale e ho esclamato in maniera abbastanza teatrale: «Tu! Tu hai la faccia da Grande Capo! Siediti con me un attimo, devo assolutamente fare un ordine entro mezzogiorno!» Non mi aveva mai visto, non conosceva l'azienda, eppure strappai un buonissimo ordine al primo incontro. Ora è uno dei miei più grossi clienti.

Un paio di anni fa fui invitato a visitare gli stabilimenti produttivi di un'importante industria dolciaria del Nord Italia. Attraversando gli uffici, notai che era stato affisso su una parete della *show room* un modulo d'ordine, compilato in maniera molto fitta. Sorpreso, chiesi lumi direttamente al titolare, che mi stava accompagnando nel giro di visita. Mi rispose: «È il nostro record mondiale! È il più grosso ordine inviato dal mio migliore agente, che è tuttora imbattuto». Continuò spiegandomi che la specialità in cui eccelleva questo venditore era la seguente: quando visitava potenziali clienti, non iniziava mai parlando delle cioccolate calde e dei the che l'azienda produce, ma magnificando prima di tutto dal vivo le bellissime tazzine di ceramica di cui avrebbero potuto beneficiare gratuitamente. Bravo! Probabilmente si era accorto che l'estetica dell'oggetto creava uno stimolo irresistibile e la sfruttava a proprio vantaggio.

Nelle vendite la costruzione di un rapporto e di una collaborazione commerciale duraturi parte proprio dagli attimi iniziali del primo incontro. Nei primi trenta secondi, il cliente può decidere se fai al caso suo oppure se è molto meglio liquidarti al più presto. Pensaci, non ti ha mai visto prima d'ora, magari in quella mattinata sono già passati altri tre o quattro agenti; perché dovrebbe metterti in cima alla sua lista di preferenze? Molto spesso non riusciamo a spostare il cliente da uno stato di indifferenza a uno stato di curiosità in quanto non ci siamo mai preoccupati di affinare le giuste mosse iniziali per catturarne l'attenzione. Verso cosa va fatto nascere l'interesse? Ci sono solo due possibilità:

- verso noi stessi, grazie a quello che diciamo e a come

apparIamo;

- verso il prodotto, cercando di stimolare il desiderio di possederlo.

Antidoto immediato all'Errato Approccio Iniziale

Metti in moto la tattica S.S.V., ossia Sorriso, Sguardo e Voce. Il sorriso deve essere sincero e non appena abbozzato, deve coinvolgere anche i muscoli degli occhi e deve trasmettere questo pensiero: «Caro Cliente, mi sei proprio simpatico!» Sforzati di non aggrottare le sopracciglia e la fronte, come se ti stessi preparando a una sfida di lotta libera. Evita le occhiate minacciose e tieni posato lo sguardo sugli occhi dell'interlocutore, non dare occhiate brevi e intermittenti. Il tuo obiettivo principale è quello di risultare simpatico, di farti etichettare come persona piacevole ed entusiasta. In questa fase, quindi, cerca di tenere leggermente più alto del solito il volume della voce e di parlare più velocemente, senza pause lunghe; varia il ritmo, non essere monocorde.

Se ti è possibile, porta con te il tuo prodotto e mostralo orgoglioso, dai la possibilità al cliente di maneggiarlo e provarlo. Molto spesso i clienti sono attratti da un *packaging* intrigante. In caso contrario, sfrutta a fondo i cataloghi a tua disposizione; tienili sempre puliti e ordinati! Fai pressioni, assieme ai tuoi colleghi, sulla tua azienda affinché produca materiale illustrativo sempre più attraente, ricco di fotografie e grafici.

Stai lontano dalle frasi "killer"! Presenta la tua azienda con un po' di creatività, non dire: «Noi abbiamo i prodotti X, Y e Z, a un prezzo buono» ma, per esempio, «Garantiamo già da dieci anni a molti suoi colleghi un servizio rapido e una qualità riconosciuta sul mercato». Subito dopo le presentazioni, il modo peggiore di proseguire è attaccare con frasi del tipo:

- *Scusi se disturbo, era solo per mostrarle il catalogo della ditta...*
- *Le rubo solo alcuni minuti, era per presentare...*
- *Oggi avevo il giro di visite da queste parti e ho pensato di fare un salto da lei per...*

Sembri il solito seccatore, uno dei tanti, che non ha nulla di nuovo da aggiungere e, nella terza frase, dai l'impressione di non considerare importante il tuo tempo e quello altrui.

Stai lontano dalle domande "killer"! Sono quelle che utilizzano la forma negativa. Usandole, il contatto sarà automaticamente portato a rispondere di no. In questa maniera, infatti, gli offri una via d'uscita e potrà liberarsi di te facilmente, se la sua reazione istintiva è questa. Quindi non esordire mai dicendo per esempio: «Non le interessa valutare l'acquisto di un nuovo aspirapolvere?» Se, con molta probabilità, ti risponderà di no, sarà molto difficile risalire la china e trovare argomenti validi per convincerlo del contrario.

Colpiscilo invece con una domanda originale, subito dopo seguita da una frase a effetto; per esempio: «È importante per lei aver più tempo per se stessi? Sa che abbiamo creato il prodotto che fa al caso suo, che le farà risparmiare almeno un'ora al giorno di lavoro?» L'ideale è che la domanda iniziale riguardi delle idee talmente generali, contenga cioè delle verità lapalissiane, in modo che sia impossibile dire di no (nell'esempio di prima, c'è qualcuno che pensa che non sia auspicabile avere più tempo libero?). Parleremo di questo aspetto in maniera approfondita nel terzo capitolo.

In questa fase iniziale sarebbe ottimale conoscere le caratteristiche della persona prima di incontrarla, per sapere come proporti; per esempio, scoprire se è un taciturno sempre imbronciato oppure un tipo affabile può rivelarsi strategico. Chiedi gentilmente ad altri clienti di descrivertelo, oppure ad altri agenti di settori complementari al tuo. Se invece hai concordato l'incontro tramite appuntamento telefonico, direttamente con lui, dalla sua voce puoi sicuramente capire molte cose. In alcuni casi, essendo la mia clientela composta da locali pubblici, ho potuto effettuare dei sopralluoghi in incognito, per studiare come "Mister X" si pone con la clientela e con i dipendenti, semplicemente ascoltando il suo linguaggio.

In ogni caso, è indispensabile che ti presenti pronunciando il tuo nome con tono sicuro, seguito dal nome della tua azienda. Anche se questa non è per niente conosciuta in zona, oppure se è una realtà giovane, devi mostrarti orgoglioso di rappresentarla. Quindi scandisci bene le sillabe, aprendo bene la bocca. Nelle migliori librerie puoi trovare dei corsi rapidi di dizione, con dei Cd allegati, che ti possono aiutare in questo senso. Ti sconsiglio di imparare un ritornello a memoria da ripetere come fossi un disco;

le persone “impostate”, poco spontanee, che sembrano recitare una parte, generano distacco e, in genere, non fanno mai una gran figura; soprattutto danno la netta impressione di essere... dei venditori!

Ogni tanto fai degli esperimenti, prova a uscire da schemi logori, come ho fatto io nell’esempio iniziale; non sei il cassiere di una banca o un impiegato in uno studio notarile, azzarda delle mosse fantasiose. Ricordati, il tuo lavoro deve procurarti anche divertimento. La mossa migliore è chiedersi sempre: «Come posso stimolare la curiosità del cliente?» oppure, «Agendo così, il cliente avrà un buon ricordo di me oppure no?»

Strategia di auto-sabotaggio: l’Uscita di Scena Sbagliata

Questo credo sia un comportamento adottato principalmente dai venditori alle prime armi (io a suo tempo ci sono cascato in pieno), che non sono stati formati sulle tecniche di vendita oppure che non hanno beneficiato di un affiancamento adeguato da parte dei colleghi più esperti. Tuttavia, è riscontrabile ancora in qualche agente che si crede, diciamo così, “arrivato”. Soprattutto nel caso in cui il venditore viene congedato senza aver intascato l’ordine, l'errore è commesso dalle tipologie "Narciso delle Vendite" e "Venditore Professore". A cosa mi riferisco? All'errore tattico di congedarsi dal cliente con modalità che generano sospetti o malumori.

Nel caso in cui si ottiene l'ordine, lo sbaglio più frequente che si può commettere è quello di esprimere attraverso gli occhi un urlo di vittoria, come un guerriero che batte il nemico sul campo di battaglia; oppure iniziare a gesticolare più velocemente del solito o cambiare il tono e il ritmo della voce all'improvviso, che diventa più squillante e veloce. Il cliente, non volendo recitare la parte dello sconfitto, potrebbe meditare qualche piccola "rivincita". In altri casi potrebbe dubitare di aver fatto la cosa giusta, pensando ad esempio: «Come mai tutta questa agitazione? Vuoi vedere che sono l'unico suo acquirente?»

Può succedere inoltre di salutare in maniera molto sbrigativa e fuggire come un fulmine, seguendo la logica "scappo prima che ci ripensi" oppure "qui ho finito, avanti il prossimo". L'idea trasmessa è quella di essere mercenari interessati solo al tornaconto personale e di non puntare alla costruzione di un rapporto duraturo e di reciproca collaborazione.

Se non si ottiene l'ordinazione, potrebbe capitare di cambiare di colpo l'umore: dopo aver condotto l'incontro su toni di cordialità e simpatia, si diventa distaccati, arroganti, assumendo l'aria imbronciata di chi ha subito un torto. Si rischia così di compromettere il rapporto costruito precedentemente.

Antidoto immediato all'Uscita di Scena Sbagliata

Rimani dal cliente il tempo necessario per rassicurarlo circa la bontà del suo acquisto; complimentati con lui e riassumi i benefici che ha ottenuto con la sua decisione; in questa fase sorgono a volte dei dubbi nella sua mente e ha bisogno di... essere coccolato! Nel caso di un mancato ordine, ricordati che avrai sempre altre occasioni per vendere: mantieni il sorriso e ringrazialo di averti dedicato del tempo; non perdere la calma e la tua serenità interiore.

RIEPILOGO DEL CAPITOLO 2:

- SEGRETO n. 6: rispettare sempre il punto di vista del cliente, senza cercare di imporre le proprie idee a ogni costo, è il modo migliore per risultare credibili; un sistema di vendita efficace è quello di far testare direttamente il prodotto al cliente.
- SEGRETO n. 7: far parlare i propri clienti delle loro esperienze aiuta il venditore a non dilungarsi troppo con particolari inutili; si dimostrerà attento alle loro esigenze senza rischiare di annoiarli.
- SEGRETO n. 8: per essere veramente apprezzati e rispettati è necessario interpretare il proprio lavoro principalmente come servizio al cliente, agendo come risolutori di problemi, piuttosto che cacciatori di guadagni immediati.
- SEGRETO n. 9: un valido atteggiamento mentale è quello di paragonarsi sempre a un sarto, che "taglia" su misura la proposta commerciale in base ai bisogni specifici del cliente. Evitare di presentare i propri prodotti e servizi come fossero preconfezionati e standardizzati permette di valorizzarli.
- SEGRETO n. 10: ammettendo con grande naturalezza i pregi degli avversari è possibile costruirsi un'immagine di consulenti sicuri di sé e dei propri mezzi.

CAPITOLO 3:
Come puntare all'Eccellenza

Io credo che se un venditore ha lavorato su se stesso in maniera assidua per eliminare dal suo know-how le strategie negative fin qui esposte, si trova già ad aver percorso un buon ottanta per cento del cammino che lo separa dal divenire un Venditore Premium, così come lo abbiamo definito nel capitolo precedente.

I vizi esposti in questa sezione sono quelli più evoluti e raffinati nonché, probabilmente, anche i più difficili da individuare e da estirpare. Per questo non tutti gli agenti di commercio riescono a giungere all'Eccellenza, alle vette della professione. Per fare ciò, è necessario un vero e proprio esercizio quotidiano.

Come si procede? È fondamentale focalizzarsi su un errore alla volta, cercando di mettere in pratica per un periodo prestabilito (ad esempio, una settimana) il relativo "antidoto immediato". Una volta ottenuti dei miglioramenti visibili, ci si concentrerà su un altro errore, sempre per lo stesso periodo. L'unico metodo infallibile per far diventare abitudine quotidiana un nuovo concetto appreso in teoria, è replicarlo con la pratica costante sul campo. Pensa agli sportivi professionisti, di qualunque specialità atletica: perché non smettono mai di allenarsi, secondo te?

Strategia di auto-sabotaggio: la Scarsa Reattività

Ti è mai successo di cercare gli occhiali preferiti disperatamente, per poi accorgerti di averli sul naso? Al venditore spesso capitano situazioni simili: è completamente preso nella sua esposizione maniacale del prodotto, o nella lettura sistematica del catalogo, che non si accorge che la vendita è già passata!

C'è stata un'occasione in cui, una volta congedati dal cliente, ho discusso piuttosto animatamente con un ispettore di zona molto pieno di sé e discretamente arrogante. Cos'era successo? Avevamo portato con noi delle lattine di tre prodotti nuovi e li stavamo degustando e commentando in compagnia del titolare dell'attività. Già dopo pochi minuti, quest'ultimo mostrava dei chiari segnali non verbali di gradimento. Feci una classica domanda di chiusura, ossia: «Preferisci le lattine da cinque o da tre chili?» e il nostro amico stava per rispondere quando, piuttosto energicamente, il mio valente accompagnatore lo bloccò: «Fermo, fermo Moschini, prima è giusto che il signore conosca un po' di più la mia azienda, voglio dire due parole riguardo alla nostra realtà». Le due parole durarono una mezz'oretta e l'ordine sfumò. Ho fatto bene ad arrabbiarmi, vero? Ogni venditore che punta all'eccellenza dovrebbe quindi riflettere a fondo sul proprio livello di abilità (o di incapacità) di interpretare i segnali verbali e non verbali che indicano la predisposizione all'acquisto.

Antidoto immediato alla Scarsa Reattività

Sforzandoti di ascoltare con interesse anche i più piccoli particolari, riuscirai a individuare le frasi con le quali il tuo bersaglio ti sta dicendo: «Sono pronto a comprare». Nella maggior parte dei casi si tratta di domande, con le quali vuole essere rassicurato, oppure intende approfondire dei dettagli, anche di scarsa importanza. Molte volte, quando ti chiede il prezzo, sei molto vicino alla conclusione. Possono assomigliare a queste:

- *In quale giorno della settimana consegnate?*
- *Che tipo di pagamento potete farmi?*
- *Lei con che frequenza farà il suo giro di visite?*
- *C'è qualcun altro in zona che lo ha già preso?*

Il cliente non deve necessariamente parlare per lanciarti il messaggio. Potrebbe per esempio:

- riprendere in mano l'oggetto e passarlo tra le mani;
- avvicinare agli occhi la proposta scritta;
- riprendere in mano il catalogo e rileggere dei dettagli;
- sparire in magazzino: probabilmente vuole verificare le sue scorte.

Quando ricevi una domanda di questo tipo, evita l'errore di rispondere con una domanda chiusa (evita quindi il "no" e il "sì") che ti allontanerebbe dalla vendita; non lasciare l'iniziativa al cliente, ma ribatti con una domanda di chiusura. Se per esempio ti chiede: «Avete sempre in casa questo articolo?» tu non dire: «Sì certo, ne siamo sempre forniti», per poi aspettare un'ulteriore domanda, ma chiedi, per esempio: «Ha la necessità di una consegna urgente? Vuole che chiami subito in ditta, oppure può andar bene per la settimana prossima?»

SEGRETO n. 11: attraverso un ascolto attivo ed evitando di interpretare la vendita come un processo che segue fasi standardizzate, è possibile cogliere da piccoli particolari la predisposizione all'acquisto del cliente.

Strategia di auto-sabotaggio: la Mera Azione di Rimessa

Te ne intendi di calcio? Io ho sempre avuto una grossa stima di quei difensori *tutto fisico* e combattivi, tipo Claudio Gentile oppure Beppe Bergomi. Forse perché anch'io, da ragazzino, giocavo in quel ruolo. Sì, mi ricordo benissimo, mi mettevano sempre in difesa, perché è lì che finiscono di solito coloro che hanno i piedi di legno e poca tecnica individuale! Come fa un giocatore di questo tipo a cavarsela con tipi svelti e funambolici come Maradona o Messi? Potrebbe buttarla tutta sul fisico e la forza facendosi espellere una volta su due. Oppure essere più furbo e intelligente arrivando prima dell'attaccante sulla palla, rubandogli il tempo.

In un'azienda commerciale del Nordest lavora un agente di nome Stefano: è giovane, laureato e dinamico. È stato assunto da pochi anni e ha ottenuto risultati ragguardevoli in poco tempo. Egli viene a un certo punto, con sorpresa e disappunto di tutti i colleghi, promosso Responsabile Vendite per il Nord Italia. Si trova quindi ad avere la responsabilità di una trentina di rappresentanti, la maggior parte dei quali ha almeno dieci anni più di lui, e molta più esperienza alle spalle. Bene, arriva il giorno della riunione aziendale annuale, che deve essere presieduta da Stefano. Lui prende in mano il microfono, si aggiusta la cravatta ed esordisce così:

«Carissimi colleghi, oggi inizia per me una nuova avventura. Sento di dover chiedere il vostro aiuto. So benissimo infatti che la mia esperienza di vendita è limitata rispetto a chi di voi è in questa azienda da moltissimo tempo. Mi rendo conto inoltre che la mia conoscenza tecnica non è così approfondita come la vostra. Proprio per questo, con umiltà, chiedo la vostra più stretta collaborazione e...»

Che cosa passava probabilmente nella testa di tutti gli agenti seduti davanti al palco? Stefano ha agito correttamente, secondo te? Oppure, senza curarsi di nulla, avrebbe dovuto mostrarsi sicuro di sé e usare un tono più autoritario?

Un agente immobiliare accompagna una coppia a visitare un appartamento in una zona esclusiva ma che, oggettivamente, è un po' fatiscente:

MARITO: Ma qui bisogna rifare tutto!

AGENTE: No, guardi, si sbaglia, in pochissimo tempo lei... (viene interrotto).

M: Ma mi faccia il piacere! Il prezzo è troppo alto per le condizioni in cui versa e…

A: Lei è in errore. Si deve fidare di me, il prezzo è sui livelli di mercato.

Secondo te, è sempre corretto mostrarsi forti e sicuri oppure è forse meglio "leggere" il pensiero del cliente, anticipando quello che quasi sicuramente lui dirà? L'errore commesso in questo esempio è quello, molto comune, di giocare solo di rimessa: aspettare passivamente le obiezioni del contatto per poi ribattere, cercando di demolirle una a una.

Antidoto immediato alla Mera Azione di Rimessa

Segui sempre questa regola aurea: anticipando le obiezioni più ricorrenti abbassi notevolmente il pericolo di far sorgere discussioni pericolose e inutili. Ne beneficia tutto il processo di vendita, reso più scorrevole e cordiale. Conseguentemente, ottieni un notevole risparmio di tempo. Ti capita troppo spesso di uscire dall'ufficio di un cliente tutto trionfante, dopo una lunga maratona in cui hai abbattuto e confutato tutte le sue osservazioni ma, ahimè, senza l'ordine in mano?

Agendo così, mostri di essere preparato sul tuo prodotto e, direi, anche autorevole. Questo capita soprattutto nel caso in cui l'oggetto della possibile obiezione riguarda il prezzo o le caratteristiche e i vantaggi del tuo prodotto. Se noti che vi sono degli aspetti della tua proposta che sono potenzialmente "deboli", è più conveniente ammetterlo subito, prima che li faccia notare l'acquirente, non credi?

Utilizzando questa tecnica la tua sicurezza interiore aumenta. Se hai analizzato a priori la maggior parte delle possibili obiezioni e ti sei esercitato a confutarle, difficilmente qualcuno ti potrà cogliere impreparato. Agli occhi del cliente apparirai come colui che capisce al volo il suo punto di vista (sembrerai in grado di leggergli il pensiero, mostrando di essere sulla sua stessa lunghezza d'onda). Dimostrerai di lavorare per il suo bene, di essere un vero consulente.

Chiaramente, questo sistema d'azione presuppone una preparazione tattica, non puoi improvvisare. Procedi quindi così:

- metti per iscritto le più frequenti obiezioni che ti vengono rivolte nel corso dei tuoi incontri. In poco tempo, arriverai ad avere un tuo personalissimo bigino, un piccolo manuale in cui le varie obiezioni saranno organizzate per argomenti (per esempio, i capitoli potrebbero essere: "Prezzo troppo alto", "Sono contento dei miei fornitori", "Voglio pensarci bene", "Non conosco i vostri prodotti" e così via).
- In ogni sezione, riporta per ogni obiezione le frasi migliori per poterla efficacemente anticipare (almeno tre per obiezione). Ogni volta che ti accorgi che una certa frase ha un buon impatto, mettila per iscritto e riutilizzala a rotazione con le altre.

All'inizio ero piuttosto scettico riguardo a questo modo di operare. Dicevo a me stesso: «Non posso perdere tutto questo tempo a scrivere e a pensare, io devo vendere!" oppure «Non è un'azione da venditore. Un commerciale deve poter sprigionare spontaneità e immediatezza. In questo modo divento una specie di robot programmato e io non voglio essere legato a delle procedure».

Con il tempo ho dovuto ricredermi. Sforzandomi di pensare a delle soluzioni, sono diventato, senza saperlo, più creativo e brillante di prima. Infatti, inizialmente credevo di essere più spontaneo e sicuro, ma in realtà rispondevo a un'obiezione sempre e solo in un modo. Ora invece mi sono creato un ventaglio di possibilità d'azione.

Il tuo manuale personale può essere composto anche di sole dieci pagine. Questo perché molto spesso le varie obiezioni si possono raggruppare, essendo solo delle varianti di una stessa argomentazione. Inoltre, non bisogna necessariamente redigerlo tutto d'un fiato; crescerà con il passare del tempo, verrà aggiornato giorno dopo giorno sulla base di ciò che accade e che apprendi sul campo.

Passiamo alla pratica, con degli esempi concreti! Se l'obiezione prevista fosse **"è troppo caro"**, potresti rispondere efficacemente in questo modo: «Molto probabilmente starà pensando che questo aspirapolvere sia caro. A un primo impatto, sicuramente 1500 euro appaiono tanti, concordo pienamente con lei [esegui il "ricalco del pensiero"]. Per questo infatti voglio farla riflettere sul fatto che il prodotto durerà minimo dieci anni. Sono solo quindi 150 euro all'anno, ossia neanche 15 euro al mese...»

Oltre ad aver anticipato l'obiezione che probabilmente ti sarebbe stata mossa contro, attenui la sensazione di prezzo elevato spezzettandolo in tante particelle, facendo sembrare il tutto più abbordabile.

Può capitare di possedere un prodotto che ha incontestabilmente il prezzo di listino più elevato sul mercato. In questo caso, secondo il mio parere è bene ammetterlo senza timori prima che venga fatto notare, e cercare quindi di rendere più lieve la differenza con il concorrente: «So che in giornata ha ricevuto la nostra offerta per le coppette d'asporto per il gelato. Avrà certamente notato che siamo circa più alti di un 20 per cento rispetto ai nostri concorrenti. Essendo lei una persona molto pratica, avrà già notato che su una fornitura di 10.000 coppette, stiamo parlando di una differenza di soli 200 euro. È veramente poco se consideriamo i nostri pagamenti più lunghi e la materia prima più resistente, non crede?»

Se invece l'obiezione ricorrente fosse **"mi trovo bene con i miei attuali fornitori"**, un anticipo efficace potrebbe essere il seguente: «Capisco perfettamente che in questo momento lei si trovi bene con la ditta AB e che non voglia cambiare. Infatti li conosco bene, sono seri e molto corretti. Non posso certo pretendere che lei salti la staccionata all'improvviso. Questo infatti è quello che mi dissero i signori X e Y, che adesso sono tra i miei migliori clienti...» (segue una breve storia di persone che sono passate alla propria azienda).

Ecco un venditore che anticipa un'apparente caratteristica tecnica negativa del prodotto: «Lei potrebbe pensare a questo punto che l'apparecchio sia difficile da smontare. In effetti, a un primo impatto sembra così. E infatti proprio per questo l'azienda ha deciso di inserire questo tasto che permette facilmente di...»

SEGRETO n. 12: essere in grado di fare emergere la propria voce critica, comunicando e argomentando eventuali svantaggi o caratteristiche negative del proprio articolo, è un sistema infallibile per ispirare fiducia negli acquirenti.

Strategia di auto-sabotaggio: la Mancanza del Consenso

Tempo fa mia moglie, che ha una certa vena artistica, ha voluto iscriversi a un corso di lavorazione della creta e, decantandone le lodi, ha cercato di portare qualche amica. Queste, molto scettiche, hanno declinato l'invito. Il rifiuto non l'ha scoraggiata e ha iniziato la prima lezione tutta entusiasta; dopo poche ore si accorge che è veramente penoso! Una perdita di tempo clamorosa. Ha la possibilità di abbandonarlo, in quanto entro la prima giornata è possibile chiedere il rimborso ma lei, testardamente, lo porta a termine comunque. Cosa è scattato?

Secondo me tutto ciò è una buona applicazione pratica del principio di Impegno/Coerenza studiato dagli psicologi sociali: una volta fatto o detto qualcosa, una volta preso un impegno, anche di poco conto, l'uomo possiede una spinta irresistibile a rimanere coerente al suo operato.

Un'applicazione sottile di tale principio la troviamo anche nelle vendite anche se, purtroppo, a causa di un errore molto frequente, viene poco sfruttata. A cosa mi riferisco? Alla mancata ricerca del continuo consenso del cliente durante le varie fasi della trattativa.

Antidoto immediato alla Mancanza del Consenso

Memorizza la seguente regola: *se riesci a ottenere dal cliente, durante tutto il colloquio, degli accordi parziali, anche su aspetti marginali, è molto probabile che anche nel momento in cui gli proporrai l'acquisto continuerà a essere coerente con tale atteggiamento* (quindi la percentuale di chiusura aumenterà notevolmente!). Devi cercare di creare questo clima di consenso da subito e non aspettare di essere giunto alla conclusione della tua presentazione: se si abitua a dire di sì spesso, è molto più facile che lo faccia anche nei confronti dell'ordinazione.

All'inizio dell'incontro, l'obiettivo è quello di ottenere dei sì partendo, per così dire, piuttosto "larghi", per poi restringere il campo delle richieste passo dopo passo. Ti potrà sembrare banale, ma si può iniziare a generare un "clima yes" anche semplicemente dicendo, in una magnifica mattinata primaverile: «Che giornata stupenda oggi, vero?» oppure «Oggi c'è un sacco di gente in giro, non crede?» (notando per esempio che il locale del cliente è strapieno di persone).

Entrati nel vivo della conversazione, cercherai il sì su aspetti più specifici o tecnici: «Sarebbe ottimo un risparmio di due euro al chilo, mantenendo intatta la qualità, è d'accordo?» oppure «Un servizio di consegne puntuale e regolare è una manna per voi artigiani, non pensa?»

Puoi utilizzare questa tecnica anche per concludere la vendita senza pressioni e forzature, con domande di questo tipo: «È sempre meglio che ti faccia chiamare al cellulare prima di consegnare, vero?» oppure «È più comodo e snello un pagamento con ricevuta bancaria, sei d'accordo con me?»

Un errore frequente è quello di usare poco il punto interrogativo. Il segreto per far scattare il sì nella mente del cliente è proprio quello di trasformare le frasi affermative in domande, attraverso le semplici parole magiche:

- *Vero?*

- *Sei d'accordo con me, vero?*
- *Giusto?*
- *Non crede?*

La frase «Il tempo è sempre più prezioso al giorno d'oggi», diventerà quindi «Il tempo è sempre più prezioso al giorno d'oggi, non credi?»

Un altro modo per creare questo particolare clima di consenso è quello di far capire al tuo bersaglio che lo conosci bene, che sai come la pensa (e quindi hai la soluzione adatta per lui). Tutti noi siamo naturalmente portati a riporre fiducia in chi dimostra di conoscerci bene e sa quali sono i nostri desideri più profondi. Bisogna quindi impressionarlo positivamente, anticipando e "leggendo i suoi pensieri". Lo sappiamo tutti, questo è impossibile nella realtà. Però ci possiamo avvicinare con grande approssimazione ai pensieri del prossimo, utilizzando delle *generalizzazioni*.

Hai mai ascoltato un oroscopo in Tv, dall'esperto di turno? Non so cosa ne pensi dell'astrologia ma io, quando si giunge alla voce

"Pesci", molto spesso mi trovo d'accordo con quanto detto. Il linguaggio "magico" e le previsioni sono talmente vaghi e interpretabili che, inevitabilmente, finisco col dire: «Sì, sì, sono proprio io, ma come fa a conoscermi così bene?»

Per poter usare proficuamente le generalizzazioni, devi sapere però dove "colpire" il cliente, devi conoscere gli aspetti sui quali fare leva. Riveste una fondamentale importanza quindi saper osservare, memorizzare e catalogare l'ambiente del cliente (l'ordine o disordine, quali libri legge, i trofei appesi al muro ecc.), il suo modo di muoversi, il modo di vestire, e così via.

Se noto, per esempio, che nel laboratorio del cliente vi sono vari testi teorici di merceologia o molti ricettari, non perdo tempo e affermo: «Si capisce al volo che lei è molto preparato tecnicamente e conosce perfettamente i prodotti, quindi...» Se mi accorgo che è particolarmente pignolo (magari perché si annota tutto meticolosamente su bigliettini, oppure perché noto che tiene gran parte della contabilità senza un consulente) posso affermare: «Mi fa piacere parlare con una persona pratica a cui non sfugge nulla, perché possiamo arrivare subito al concreto...». La tecnica infallibile per non sbagliare la lettura del pensiero, quando hai invece pochi elementi di conoscenza del cliente a tuo favore, è quella di utilizzare i cosiddetti “truismi”. Sono delle verità, idee, concetti che difficilmente possono essere smentiti. Anch’essi verranno espressi più efficacemente attraverso delle domande.

Un venditore d’auto potrebbe dire, conversando con un notaio che in concessionaria sta ammirando un SUV di grossa cilindrata e molto costoso: «Al giorno d’oggi l’auto deve poter esprimere anche un certo prestigio sociale, è d’accordo con me?» (è molto probabile che sia il pensiero del notaio, non pensi?). Il tuo obiettivo come venditore, dunque, è quello di azionare il dialogo interiore del tuo interlocutore; la sua “vocina” deve dirgli: «Ok, questo fornitore mi capisce al volo, è quello che fa per me».

SEGRETO n. 13: manifestando il proprio consenso al cliente durante tutto l’incontro, si potrà giungere alla chiusura in maniera più fluida. Si può intuire l’impostazione mentale del cliente tramite un’osservazione scrupolosa del suo ambiente.

Strategia di auto-sabotaggio: l'Ascolto Imperfetto

Un bel giorno mia moglie mi svelò questo aneddoto, che credo sia una delle più grandi lezioni apprese sul campo. Stava accompagnando all'asilo i bambini, quando incontrò un mio cliente, anche lui affaccendato con la sua prole. Parlando del più e del meno, a un certo punto lui esordì così: «Certo che tuo marito è un bel tipo, l'altro giorno gli stavo parlando di cose di lavoro importanti e lui sembrava vivere in un mondo tutto suo!»

Credo fermamente che questa parte del libro sia la più importante. Perché? L'aspetto che stiamo trattando ora è molto spesso sottovalutato, non soltanto dai venditori, ma a volte anche da coloro che propongono corsi di vendita. Tutti incentrati sulle tecniche di chiusura, su come superare brillantemente le obiezioni. Arrivati a questo punto del libro ti pongo una domanda: c'è ancora spazio, in qualunque mercato, per il venditore egocentrico, che parla di sé («Io faccio… Io sono… Io penso…»), che conosce già tutte le risposte, che vuole impartire la "sua lezione" ai clienti, che vuole vendere ciò che a lui fa comodo, che pensa in sostanza solo alla sua provvigione? Credo proprio di no. I clienti sono più maturi di parecchi anni fa, più informati; oltre a questo, la concorrenza sul mercato è molto più spietata, in ben pochi settori esistono posizioni di monopolio in cui le aziende e i rispettivi venditori vendono per inerzia e si possono permettere di non conoscere a fondo i clienti.

Dunque, sul mercato vince chi sa ascoltare più efficacemente. Prima di prospettare soluzioni, di proporre prodotti e servizi, bisogna aver ben chiara davanti a sé la situazione complessiva dell'acquirente: i suoi bisogni, i suoi valori e, perché no, i suoi sogni. Ricordi? Ne abbiamo già parlato: il segreto è interpretare la vendita come un servizio. Ma come puoi riuscirci, se non poni la massima attenzione a ciò che dice il tuo cliente, se non ascolti anche i minimi dettagli, gli aspetti apparentemente insignificanti? Ascoltare in maniera errata impedisce di fatto di immedesimarsi nella realtà del cliente, di aprirsi alla sua visione del mondo.

Antidoto immediato all'Ascolto Imperfetto

Cerca di evolvere verso il concetto di "ascolto empatico" o "ascolto proattivo", arrivando cioè a vedere la realtà attraverso "la mappa" di chi ti sta di fronte (è come se tu prendessi a prestito i suoi valori, le sue credenze, le sue convinzioni e ti mettessi nei suoi panni). Mentre ascolti, ecco cosa NON devi fare assolutamente:

- valutare;
- consigliare;
- interpretare;
- inquisire;
- giudicare.

Per sapere che tipo di ascoltatore sei, prova a rispondere a queste domande:

- ti è mai capitato, quando una persona ti parla, di smettere di ascoltare perché pensi di conoscere già tutti gli elementi per poter dare una risposta?
- Ti è mai successo di smettere di ascoltare un cliente perché ritieni che quello che sta dicendo non sia funzionale ai tuoi obiettivi di vendita?
- Ogni tanto smetti di ascoltare, e inizi a pensare ad altro, perché ritieni di sapere a priori dove andrà a parare con il suo discorso?

- Fai parte magari della categoria di coloro che interrompono in continuazione, senza dare la possibilità di terminare un concetto?
- Ti capita di distrarti facilmente (cellulare, estranei, movimenti fuori dalla finestra), oppure di pensare a tutt'altro, facendo intendere che per te non è importante essere lì in quel momento?
- Ti formi troppo spesso dei pregiudizi verso le persone che ti parlano?
- Dal tuo modo di ascoltare fai trasparire un certo pessimismo riguardo all'esito del colloquio?

Chiediti se possiedi queste qualità importanti:

- Cerco costantemente il contatto visivo della persona?
- Ascolto tutto ciò che mi viene detto, anche i particolari?
- Quando i clienti mi parlano, annuisco con il capo?
- Prendo appunti quando mi parlano di aspetti importanti?

Un'ultima considerazione per chiudere questa importante sezione: se non sei d'accordo con quanto viene detto, non commettere l'errore madornale di scuotere il capo in segno di disapprovazione: chi ti parla andrà subito sulla difensiva!

SEGRETO n. 14: abbandonare cattivi sistemi d'ascolto, quali l'ascolto a intermittenza e l'ascolto incentrato su se stessi, permette di evolvere verso la figura del Venditore Assertivo e distinguersi nettamente dalla concorrenza.

RIEPILOGO DEL CAPITOLO 3:

- SEGRETO n. 11: attraverso un ascolto attivo ed evitando di interpretare la vendita come un processo che segue fasi standardizzate, è possibile cogliere da piccoli particolari la predisposizione all'acquisto del cliente.
- SEGRETO n. 12: essere in grado di fare emergere la propria voce critica, comunicando e argomentando eventuali svantaggi o caratteristiche negative del proprio articolo, è un sistema infallibile per ispirare fiducia negli acquirenti.
- SEGRETO n. 13: manifestando il proprio consenso al cliente durante tutto l'incontro, si potrà giungere alla chiusura in maniera più fluida. Si può intuire l'impostazione mentale del cliente tramite un'osservazione scrupolosa del suo ambiente.
- SEGRETO n. 14: abbandonare cattivi sistemi d'ascolto, quali l'ascolto a intermittenza e l'ascolto incentrato su se stessi, permette di evolvere verso la figura del Venditore Assertivo e distinguersi nettamente dalla concorrenza.

Conclusione

Sono proprio contento! Se sei arrivato fin qui significa che sono riuscito a tenere alto il tuo interesse e contemporaneamente a trasmetterti qualcosa di utile. Grazie ancora per la tua fiducia. Sono convinto, infatti, che se hai trovato in questo ebook anche solo tre o quattro spunti nuovi, a cui non avevi mai pensato o che non sei mai riuscito ad approfondire, il tuo tempo sia stato proficuamente investito.

Molto spesso capita, frequentando corsi o leggendo libri, di imbattersi in concetti già acquisiti o a noi familiari. A un certo punto però, ecco la luce! Un bagliore, un suggerimento mai sentito o una visione diversa e originale di affrontare il problema trattato. Immediatamente, li facciamo nostri, diventano parte del nostro bagaglio culturale.

Credo che nessuno possa negare che oggigiorno la competizione, in ogni mercato, sia sempre più intensa; l'unico modo per poter primeggiare è quello di continuare a formarsi, sia a livello teorico sia pratico. Penso che ogni venditore dovrebbe imporsi di investire almeno il dieci per cento dei suoi guadagni annuali in formazione: corsi in aula, testi, materiale audio. Tutto questo è importantissimo ma, credimi, dei buoni insegnanti li puoi frequentare tutti i giorni, magari gli puoi dare del tu e, incredibile a dirsi, non ti chiedono nulla in cambio: sono i tuoi clienti!

Il consiglio migliore che posso darti è questo: tutto quello di nuovo che hai appreso, cerca di metterlo subito in pratica. Non lasciare passare troppo tempo. La teoria, se rimane nel cassetto, non serve a nulla. Imposta il tuo "programma completo di miglioramento continuo": cerca di migliorare applicando alla tua realtà specifica solo un concetto alla volta; quando ti sembrerà di aver compiuto dei progressi, passa a un altro, e così via. Per poi ricominciare il ciclo! La ripetizione è indubbiamente il modo migliore per sedimentare concetti o comportamenti.

Grazie ancora e buone vendite!

Enrico Moschini

www.ingramcontent.com/pod-product-compliance
Ingram Content Group UK Ltd.
Pitfield, Milton Keynes, MK11 3LW, UK
UKHW022015190726
13853UKWH00005B/1945